中国铁道出版社
CHINA RAILWAY PUBLISHING HOUSE

图书在版编目（CIP）数据

德国一周游 /《亲历者》编辑部编著 .—2 版 .— 北京：中国铁道出版社，2016.6

（亲历者）

ISBN 978-7-113-21684-9

Ⅰ. ①德… Ⅱ. ①亲… Ⅲ. ①旅游指南—德国 Ⅳ. ① K951.69

中国版本图书馆 CIP 数据核字（2016）第 070736 号

书　　名：德国一周游（第 2 版）
作　　者：《亲历者》编辑部 编著

策划编辑：聂浩智
责任编辑：孟智纯
编辑助理：杨　旭
版式设计：赵媛媛
责任印制：赵星辰

出版发行：中国铁道出版社（北京市西城区右安门西街 8 号　邮码：100054）
印　　刷：北京顶佳世纪印刷有限公司
版　　次：2015 年 2 月第 1 版　2016 年 6 月第 2 版　2016 年 6 月第 1 次印刷
开　　本：660mm×980mm　1/16　印张：15　字数：300 千
书　　号：ISBN 978-7-113-21684-9
定　　价：48.00 元

前言

说到德国人，总让人想起他们严谨和认真的态度。而说到这个国家，人们会想到更多的名片，比如啤酒、名人、科技、历史、童话……当然还有美景。

德国的啤酒就像意大利的比萨、法国的红酒一样举世闻名。在德国，你可以在盛大的慕尼黑啤酒狂欢节上开怀畅饮，也可以在小酒吧与当地人一起听音乐、品啤酒，还可以去海德堡的学生酒馆寻找学生时代的青涩和无忧。如果你想要品尝世上最地道的啤酒，一定要来德国。

德国人世代相承的严谨与认真，使这片神奇的土地，孕育了大批著名人物：爱因斯坦、马克思、歌德、贝多芬……他们都是各自领域中的翘楚，如果你想要深入地了解他们，一定要来德国。

德国人恪守传统，尊重历史，却不沉湎于过去，而且会对已有工业技术及器械进行不断的革新，为世界奉献印刷机、汽车及MP3等意义重大的发明创造。在德国的科技博物馆，可让你了解宝马、奔驰、保时捷等名车的发展过程。如果你是个科技迷，一定要来德国。

德国是个历史悠久的国家，这里的博物馆遍地开花。在大城市，它们经常密集地聚在一起，可以“一站式”了解这个城市的过往。如果你对历史感兴趣，一定要来德国。

19世纪，格林兄弟收集及修改德国民间传说，造就了浪漫而富有寓意的《格林童话》。现在，德国不仅是该书籍诞生的沃土，而且是实现童话的宝地，比如著名的新天鹅堡，它充满浪漫的童话色彩，让人仿若置身童话世界中。如果你想要重拾童年的乐趣，实现内心世界的童话梦，一定要来德国。

德国是个充满美丽景色的国家，这里有冷峻森严的科隆大教堂、神秘迷人的海德堡城堡、绵延的阿尔卑斯山、奔腾的莱茵河。如果你折服于自然和建筑相融合的魅力，一定要来德国。

本书以一周为周期，以旅行者的视角，谋篇布局：开篇详细介绍了旅行前的计划、准备、出发，以及返回的实用攻略；正文则分为北部一周游、南部一周游、莱茵河一周游3部分，以旅行线路串联柏林、汉堡、慕尼黑、法兰克福等旅游目的地，设计了具体到小时的行程安排，并充分结合各条旅游线路中的吃、住、行、购等细节，使整本书具有非常高的实用价值。如果你有一周的时间游玩德国，带上这本书，可以轻轻松松地畅游德国。

目录 CONTENTS

Part2:德国南部一周游
128–185

Part3:德国莱茵河一周游 186-239

慕尼黑新市政厅和圣母教堂

010-053

导读 畅游德国，只需一周

导读 畅游德国，只需一周

计划

一周时间能去哪

德国的地理面积可能不算太大，但是却有着丰富的旅游资源，如果想在一周的时间内游完德国境内的所有著名景点是不大可能的。因此我们合理地安排行程，用一周的时间游玩德国的某个区域，这样既能将这个区域玩透，也不至于太过匆忙。德国最适合旅游的区域有北部柏林一带、南部慕尼黑一带以及莱茵河沿岸。

一周游德国路线概览

目的区域	游玩城市	区域特色	行程安排
德国北部	柏林、汉堡、汉诺威	德国北部的这 3 座城市都有着悠久的历史，城中环境优美而洁净，而且聚集了众多的博物馆。在此你可以穿行在城市街头，或去博物馆逛逛	在德国北部旅游最热门的路线是柏林—汉堡—汉诺威；如果时间够多的话，可以去柏林附近的莱比锡转转；如果时间比较紧，则可以不去汉诺威而选择去不来梅
德国南部	慕尼黑、斯图加特、海德堡	慕尼黑附近有充满浪漫色彩的新天鹅堡，斯图加特有着郁郁葱葱的宫殿花园，海德堡大学中充满了年轻人的激情与活力，这里是最具青春气息的区域	在德国旅游中最浪漫的路线就是慕尼黑—斯图加特—海德堡；如果时间比较宽裕，你可以再前往古老的城市纽伦堡；如果时间不够多，可以不去海德堡，而去美丽清澈的国王湖玩一天
德国莱茵河沿岸	法兰克福、波恩、科隆	美丽的莱茵河就像一条柔美的玉带，串起了法兰克福、波恩与科隆。这 3 个风格不同的城市，展现了莱茵河不同侧面的风情	在德国最能展现莱茵河风情的线路是法兰克福—波恩—科隆；在这里你能感受莱茵河畔各地优美的风景。如果还想再了解一些，可以利用多余时间去往安静美丽的杜塞尔多夫

▲ 德国旅游行程示意图

一周需要多少钱

德国是一个相当发达的国家，尤其是柏林、慕尼黑、法兰克福等大城市的消费就比较高，即使一些小的城市消费水平偏低一点，但德国的总体消费水平相对于国内还是比较高的，因此一定要做好旅行预算。当然，由于个人的要求不一样，预算也不同，你需要根据自己的需求准备足够的钱。一般来说，至少需要准备 3 万元人民币，你才可以比较舒服地畅游德国。

下面列出前往德国从准备行程到结束旅游全程的费用列表供参考，表中的货币单位是换算后的人民币元，你可以根据这个表格估算自己的旅程费用，然后将一部分钱兑换成欧元，将一部分存入双币银行卡中。

德国旅行费用预算（单位：人民币元）			
项目	**分类**	**费用**	**内容**
护照	首次签发	200 元	在申办护照办公室拍照，加收 20~40 元
	换 / 补发	220 元	包括到期、失效换发，损毁、被盗、遗失补发等
签证	申根签证（3 个月）	约 436 元	关于德国签证详情，可参考德意志联邦共和国驻中华人民共和国使领馆的官方网站 www.china.diplo.de/Vertretung/china/zh/Startseite
行李	需添置物品	酌情定	行李箱、防晒霜、插头转换器等平时不常用此时需添置的物品

续表

项目	分类	费用	内容
机票	往返联程	8000~14000 元	建议至少提前一个月关注票价，买好往返票，这样能享受较多的优惠，且可避免临时买不到票；表内是航班经济舱的价格
住宿	柏林、慕尼黑等大城市	约 800 元 / 天	在柏林、慕尼黑、法兰克福等地的住宿费用很高，条件不错的酒店价格要在 800 元 / 晚左右，如果想要住经济一点的旅馆，可以找当地的青年旅舍或者住在离市中心、景区稍远的地方
	大城市之外	约 600 元 / 天	在斯图加特等相对不那么热门的城市，住宿费用会低一些，每天在 600 元左右就可以住个中档的旅馆
饮食	经济餐厅	约 70 元 / 餐	如果在德国吃个简单的便餐，会比较便宜，比如一个热狗只需要几欧元，一般来说，可以花费 70 元左右就可以吃个简单而又果腹的午餐
	星级餐厅	约 200 元 / 餐	如果想要坐下来吃个正餐，慢慢享受德国美食，那就需要多准备一些钱，200 元应该差不多了
市内交通	出租车	市内出行约 100 元	像柏林、慕尼黑等热门城市的出租车费用较高，出租车起步价约为 20 元，节假日、深夜可能价格更高一些，一般短途的出行大概要花 100 元。其他城市的出租车费用相对少一些
	轮船	每小时约 80 元	德国境内河流、湖泊众多，有莱茵河、多瑙河、阿尔斯特湖等，你可以选择乘轮船出游，在水上欣赏两岸的美景
	地铁、公交车	市内出行一天约 50 元	德国多数城市的公交、地铁使用同一种车票，而且大城市中会有多种车票供你选择，以柏林为例，单方向票约 15 元，日票需要 45 元左右。为方便出游，你还可以购买各城市的城市卡
购物	皮具	每件 1500 元左右	持久耐用的德国皮具深受各界推崇，硬币包、钱包、手袋、旅行袋等各种款式的品质都有一定的保证
	刀具	每套 800 元左右	来到德国一定要购买双立人刀具，持久锋利，钢材韧性强，价格也非常合理
	香水	每瓶 200 ~ 800 元	德国有世界上最早的古龙香水，即科隆 4711 香水。此香水是古龙水的代表，也是男士专用，来此不可错过
	手表	10 万元起	德国制表工艺不逊于瑞士，唯美而厚实是德国品牌腕表的特色，来到这里，购买腕表成为重要行程之一
	啤酒	200 元左右	德国啤酒种类繁多，其中尤以德国黑啤闻名世界。价格不便宜，但是品质显然非常棒，绝对物有所值
娱乐	酒吧	100 ~ 500 元 / 晚	酒吧是德国主要的社交和娱乐场所，每到夜间，各地酒吧人满为患，没有霓虹灯，也没有响亮的音乐，只有偶尔的碰杯声、笑声和交谈声，与美丽的夜晚融合在一起
	音乐厅	50 ~ 600 元 / 场	德国有不少历史悠久的音乐厅，柏林爱乐乐团、德累斯顿国家交响乐团享誉世界，来到这里，可以聆听一场美妙的音乐会
	泡温泉	70 ~ 500 元 / 小时	泡温泉是在德国最舒适的娱乐方式，这里有很多知名的泡温泉场所。温泉水质优良，富含矿物质和多种微量元素，加上环境优美，风景如画，是一种极致的享受
景点票价	博物馆	50~100 元 / 馆	德国有着众多内容不一的博物馆，而且基本都是收费的，不过有的博物馆分布比较集中，你可以购买联票参观
	其他景点	50~120 元 / 景	德国境内的其他景点有广场、城堡、教堂、电视塔等，广场都是免费的，其他一般都需要门票，如果乘坐电梯登顶大厦的话还要额外收费

通过以上表格来看，在德国旅游的花费比较高，除去来回的机票，至少也得需要 18000 元人民币才能玩得比较好。了解这些经费里面，哪些是消费的重点，哪些经费可以灵活变动，也是非常重要的。

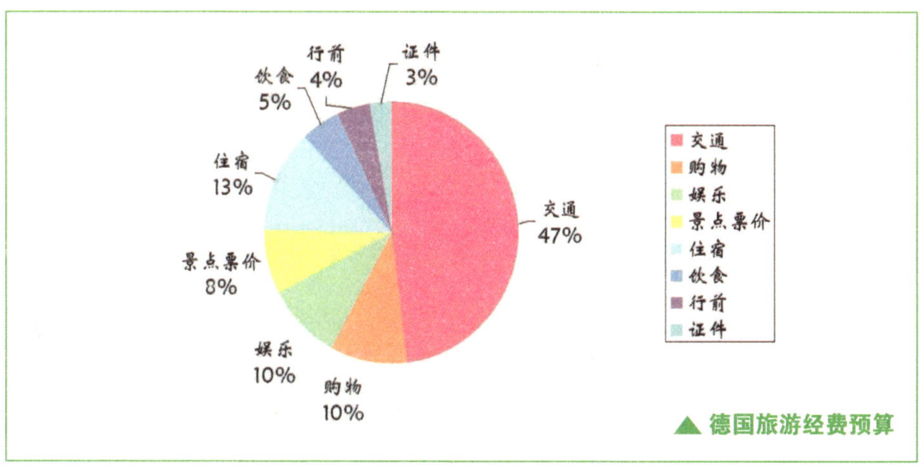

▲ 德国旅游经费预算

一周如何自助游

自助游是许多人都喜爱的一种旅游方式，因为时间相对自由，前往德国，可以选择全自助游，也可以选择半自助游。

全自助游有最大的自由度，你可以根据自己的喜好有选择地游玩，但是选择全自助游需要做好充分的准备工作，如查阅大量资料，制定详细计划，以防中途出现突发状况。

半自助游需要做的准备工作相对少一些，但是出发日与回程日无法由自己把握，不能随意更改时间，相对来说时间上要受一定限制。如果选择半自助游，你可以由国内的旅行社代订好往返机票与住宿的酒店，也可以自己预订机票与酒店，到了目的地时跟当地团参加旅游。

自助游如何选择舒心住宿

选择舒心的住宿对奔波一天的你来说是最好的犒劳，所以在出发之前一定要了解好在德国住宿的几种类型。

常见住宿类型的特点			
酒店设施	经济型酒店	青年旅舍	家庭旅馆
电梯	配备电梯，免提重物	可能无电梯；楼层不高	楼层通常不高，也用不着电梯
床型	单独的大床或双床房	有单人房，通铺、上下铺	一般有各种类型的房间
卫生间	独立卫生间，可淋浴	公用大卫生间，可淋浴	大卧室可能有独立卫生间
家电	一般提供电视、电话	电视在客厅或交流室	客厅里有电视；大卧室也可能有
网络	通常提供免费宽带	房间内通常无宽带，客厅可能有能上网的电脑	现在大多数家庭旅馆都会有宽带服务
清洁服务	定期整理房间的服务	退床后有人整理	大多需要自行整理
早餐	大多提供早餐	早餐可自制，需收拾餐具	通常有舒心可口的家庭式早餐
空调	提供空调	一般没空调，可能有风扇	根据情况配备空调
热水	提供热水	一般厨房可自行烧热水	可以自己烧热水
价格	价格一般三者中最高	房间床位越多越便宜	价格一般三者里居中
游客间互动	酒店前台可交流	公共区域可交流	同住旅馆的游客间可交流
厨房	不能自制午晚餐	有厨具，可节约餐饮费	有厨具，可以自己制作可口食物
活动	一般没有旅游相关活动	定期举办各种活动	一般不组织活动
位置	不一定在热门景点附近	大多数位于热门景点附近	不一定在热门景点附近

通过上表可以看出每种住宿都有各自的优缺点，你可以根据自己的需要进行选择。自助游时，如果你计划在景区待比较长的时间，对住宿要求不是太高，又喜欢与人交朋友，可以选择家庭旅馆或青年旅舍；如果对住宿有一定要求，可以选择经济型旅馆。但无论选择哪一种，适合自己的就是最好的。

自助游如何更省钱

在外旅游，吃住行购都需要用钱，如何节省开支是必须考虑的事，下面是一些如何省钱的建议，你可以根据自己的需要有侧重地选择。

自助游省钱窍门	
省钱方法	细节
制订旅行计划	确定游玩时间、地点，以重点目的地为中心沿途选择其他次级景点，防止景点重复
巧用时间差	尽可能选择淡季出游，住宿、交通费用都有很大优惠，能省不少钱；提前购票优惠比较多
带上信用卡	带现金比较容易丢失，建议带上信用卡，既方便，又能攒积分
以步代车	对于距离比较近的景点，可以选择健康环保的步行方式，这样不仅能够减少走马观花的失落感，也能节省不少交通费用
在景区外食宿、购物	景区内的食宿一般都贵，你可以中午携带方便食品填肚子，出了景区再找食宿；景区内的纪念品价格也比较高，你可以去特色街区购买便宜而有纪念意义的物品

续表

省钱方法	细节
自驾时带够食物	在德国旅行如果你选择的是自驾游，那么建议你提前带好足够的食物，可在出发前去超市多购买一些，这样方便也经济
住提供早餐的旅馆	如果你选择可以提供早餐的旅馆，也可以节省很多费用
网上预订机票和酒店	从你打算去德国旅行后，应尽快做好出行计划，尽早预订机票和酒店。预订后要与供应商保持沟通，在发现降价时可以要求供应商提供折扣，这样你越早预订，就能享受越多的折扣
结伴出游	如果可以，应尽量选择结伴出游，这样不仅彼此能有个照应，更加安全方便一些；在柏林等一些城市，还可以购买团体票，这样能省下一些交通的开支

一周如何自驾游

德国的公路系统非常发达，来德国旅行，租车自驾已成为一种潮流趋势。租一辆车行驶在异国的路上，你能近距离地接触那里的自然风光与人文风情。

自驾游租车公司

租车自驾旅游，你可以自由选择自己喜欢的路线和景点，行李也有地方安放，时间安排起来也比较自由，可以说是好处多多。不过，在柏林、慕尼黑这样的大城市，平日交通比较繁忙，可能会出现堵车的情况。所以在这样的大城市内，景点间距离不是太远的话，可以租电动车或者自行车游览。而在一些游人较少的城市，景点分布又比较分散的时候，租一辆汽车自驾是再合适不过了，这样既方便又能让你尽情欣赏沿途的风景。

德国人气租车公司		
名称	网址	简介
安飞士租车（Avis）	www.avis.com 中文网址：www.avis.cn	Avis 在德国境内各大城市都有租车地点，取车还车比较方便
欧洛普卡（Europcar）	www.europcar.com	Europcar 是欧洲最大的汽车租赁公司，这里有各种车型可以选择
赫兹租车（Hertz）	www.hertz.com	Hertz 是全球最大的汽车租赁公司，在世界各地都设有门店
sixt	www.sixt.cn	全球著名的优质汽车租车公司，高端车较多，比较舒服

租车注意事项

中国人在德国租车，需要提供护照、短期签证（半年以内）、中国驾照和公证书（附带译文）、信用卡。注意，驾照须先在德国驻华使领馆认证后才可使用（认证费用约 45 欧元）。大部分德国租车公司取车时都不需要缴纳押金。

在德国多数租车公司的很多车型提供异地还车服务，提前还车不退钱，延迟则按天数加钱，虽然租车时间越长越划算，但是一定要提前做好计划。租车时，租车公司一般免费帮车辆加满油，还车的时候，你也需要将油箱加满油。

在德国，除了行驶在高速公路上时，在加油站一般都需要自己动手加油，如果要别人帮忙，需要额外支付加油服务费。停车时，一定要到有停车票自动售票机的马路边，等停靠后购买停车票，然后放在车前。每天 21:00 至次日 7:00 以及周末、节假日，路边停车不收费。

另外，租车时一定要注意购买保险，如第三者责任险、车辆碰撞和盗抢险等一定要买。

租车价格

租车之前需要了解下车子大致的价格，这样可以帮助你选择适合自己的车型。下面的租车价格表能够有效帮助你决定租用什么类型的车。

德国部分租车价格表	
车型	价格
迷你型	60 ~ 70 欧元 / 天
经济型	70 ~ 80 欧元 / 天
紧凑型	80 ~ 90 欧元 / 天
中型	90 ~ 100 欧元 / 天

一周如何跟团走

如果你不想花时间做太过细致的计划，可以选择跟团出游，这样你就不必担心自己的语言能力，也不用操心吃、住、行等方面琐碎的事，对于每个地方，每个景点都会有人陪同介绍，这种方式适合那些经济比较宽裕，不愿自己做旅行计划的人。

熟悉各大旅行社情况

国内提供德国旅行服务的旅行社很多，其中比较著名的旅行社有中国旅行社（简称“中旅”）、中国国际旅行社（简称“国旅”）、中国康辉旅行社、中青旅、锦江旅行社、春秋旅行社、广之旅、中信旅行社等。

选择跟团旅行，最好多了解几家旅行社，多做些咨询和调查，真正做到货比三家。对比旅行社，从三方面考虑，即行程安排、费用包含内容、服务细节。行程方面是否包含了自己想去的大部分景点，费用方面是否需要额外支出，细节方面是否做到面面俱到。

国内部分旅行社相关信息			
名称	地址	电话	网址
中国旅行社总社（上海）有限公司安福路门市	上海市徐汇区安福路 322 号 4 幢 101 室 4B-1	400-8600716	shanghai.ctsho.com
北京中国国际旅行社有限公司	北京市海淀区中关村南大街 2 号数码大厦 A 座 717 室	4008-111123	www.qulxw.com
中国康辉总社门市	北京市朝阳区农展馆南路 5 号京朝大厦一层	010-65877701-08	www.cct.cn

续表

名称	地址	电话	网址
中青旅广州国际旅行社有限公司	广州市越秀区农林下路 76 号青年大厦 901	020-61132012 020-61132013	www.aoyou.com

跟团游注意事项

跟团游时间相对不自由，需要有很好的团队精神。如在外游玩，要和一起出行的人搞好关系，相互照应。要时刻留意时间和记住导游安排的事项，不要因为喜欢一个景点而忘了时间。出国旅行，跟团一定要选择正规的大型旅行社，因为在德国不比在国内，正规旅行社更加有保障，以免遇到食宿较差、线路不合理等情况。

旅游网站推荐

常用旅游网站	
网站名	网址
携程	www.ctrip.com
途牛	www.tuniu.com
神舟	www.btgbj.com
去哪儿	www.qunar.com
中青旅	www.aoyou.com

3个月前需要做哪些准备

办理护照

想要出国旅行，第一个需要准备的证件就是护照，护照是在国外证明自己合法身份的证件。如果你已经拥有护照，那必须检查护照的有效期是否大于6个月，是不是需要去更换护照。如果你还没有护照，就需要去办理，因为办理护照的程序需要一定的时间，所以建议你在确定旅行前3个月就开始着手办理护照。

护照办理步骤

① 领取申请表

办理护照有2种申请方式，所以有两种领表方式：

1.现场办理，携带本人身份证、户口簿到居住地或户口所在地的县级和县级以上的派出所、公安分局出入境管理部门或者参团旅行社领取申请表

2.从当地公安局官方网站上下载并打印

② 提交申请表

提交本人身份证及户口簿等相应证件

填写完整的申请表原件

彩色照片一张（需在出入境管理处或者是他们指定的照相馆照相）

提交护照工本费200元

Tips：

北京、上海等地已经使用《中国公民出入境证件申请表》办理护照，并且需要采集指纹；其他省市陆续执行。详情可登录网址：www.bjgaj.gov.cn查询。

③ 领取护照

审批、制作和签发护照需10～15个工作日

领取护照时，应携带本人身份证或者户口簿、领取护照回执

回执上会标明取证日期3个月内领取证件，否则公安局出入境管理处将予以销毁

Tips

德国是申根国家，申请申根签证时会用到机票订单、住宿证明以及旅游医疗保险等资料，所以应当在办理签证之前将这些提前办好。

购买机票

去德国旅行，如果你已经确定好了自己的行程，明确了此次旅行的出发地、目的地以及出发时间之后，就可以预订机票了。机票的价格会根据季节或预订机票的张数的不同而不同，一般来说机票淡季比旺季便宜，往返票比单程票便宜，转机比直飞便宜。

但是对于第一次去德国旅行的游客来说，如果有直航的飞机，最好还是不要预订转机的机票，这样不仅花费的时间多，而且到别的国家还要过境签证，会比较麻烦。要想买到可以直飞又比较便宜的机票，越早提前订票越好，这样选择的空间比较大。

中国前往德国直飞的航班主要由中国国际航空、德国汉莎航空、海南航空、东方航空等航空公司运营，你可以根据个人的行程和时间安排，做好机票预订事宜。

常用机票预订网站

航空公司	网址
德国汉莎航空（Lufthansa）	www.lufthansa.com
中国国际航空	www.airchina.com.cn
海南航空	www.hnair.com
中国东方航空	www.ceair.com

携程手机客户端订票步骤

① 下载客户端

你可以从官网通过宽带网络下载，也可以扫描二维码下载

② 查机票信息

输入出发时间和返回时间，以及出发机场和到达机场，就能看到往返的机票信息。通常往返的机票比单程2次票的价格便宜，所以可以把往返票一起订好

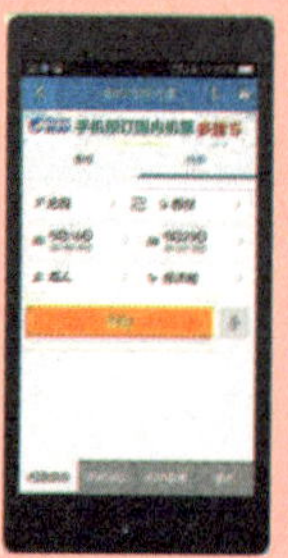

③ 填写订单

填写订单，其实没什么可填写的，主要就是选个航空险，填写一下个人信息之类。手机客户端最大的好处就是极其简洁

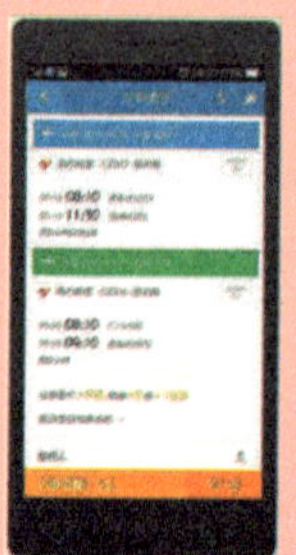

④ 付款

付款可支持的银行卡种类很多，这里要格外提醒，尽可能不绑定银行卡，并且不要让手机记住银行卡密码；否则，如果手机丢失或者系统漏洞遭攻击，你银行卡里的钱很可能被盗刷

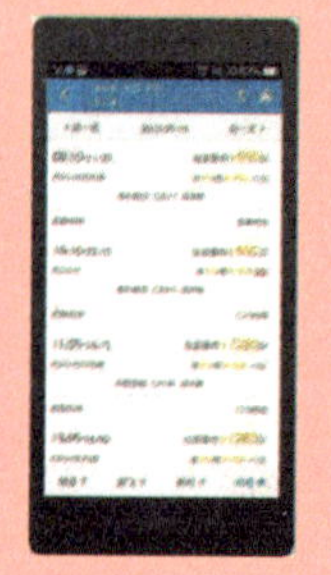

预订酒店

常年有世界各地的游客来到德国旅游，尤其是旅游旺季更是繁忙。因此最好提前预订酒店。以下推荐几个网站，大家可根据实际情况预订。一般来说，越贵的酒店地理位置越好，交通越是便利，条件也会比较好。想要订到性价比高的酒店，越早预订越好。

一般来说，你可以在网上直接预订酒店，但是如果你想要打电话确认一下或者咨询更多的细节，需要注意从国内拨打德国电话的方式。

常用预订酒店网站

名称	网址
雅高达网	www.agoda.com
缤客网	www.booking.com
携程网	www.ctrip.com
Lateroom 网	www.laterooms.com
好客邦	www.hotelclub.com

从中国拨打德国电话

拨打条件	拨打方式
可用固定电话、手机拨打	拨打德国固定电话：00+ 德国国家代码 + 德国城市区号 + 用户电话号码，如从北京拨打电话到德国柏林，顺序为：00+49+30+ 用户电话号码
	拨打德国手机：00+ 德国国家代码 +1+ 用户手机号，例如从北京打电话到柏林，顺序为：00+49+1+ 用户手机号

办理旅游保险

申根国家之外的其他国家在出发前一周办理保险即可。但是申根国家有所不同，提交旅游医疗保险是签发申根签证的基本前提，德国是申根国家，所以在办理签证之前需要办好旅游保险。以下是对旅游医疗保险的一些具体要求。

旅游医疗保险要求	
项目	要求说明
地域	旅游医疗保险须在所有申根国家有效
时间	旅游医疗保险必须覆盖整个逗留期
	由于时差的原因，建议购买的截止日期至少超出预计离开申根国家的日期 1 天
	如在购买保险时还不确定旅行日期，也可购买一定时间段内有效的一定天数（如 2014 年 1 月 1 日至 2014 年 6 月 30 日期间入境后 30 天有效）的医疗保险。一些保险公司提供这种灵活的保险服务
保险金额	旅游医疗保险的保险金额不得低于 30000 欧元
保险内容	旅游医疗保险必须包括由于生病可能送返回国的费用及急救和紧急住院费用
	对明显容易生病、有明显病史或者已怀孕的申请人，须对投保的数额提出更高的理赔要求或额外购买相应的保险理赔项目
办理地	旅游医疗保险可由签证申请人在其居住国办理或由邀请人在旅游目的国办理
	若保险公司的总部不在申根区，那么该保险公司必须在申根区内有联络处且能够受理索赔申请
其他	如果旅行以就医为目的，除提交旅行医疗保险外，还必须另行提交就医治疗费用的承担证明

保险导购网站

现在网上有不少保险导购网址，你可以通过这些网站选择适合自己的境外旅游保险。优保网、新一站保险网等都是值得信赖的保险导购网站。

常用保险导购网站	
网站名	网址
优保网	www.ubao.com
新一站保险网	www.xyz.cn
慧择保险网	www.hzins.com
开心保	www.kaixinbao.com

办理签证

办完护照之后，就需要办理签证。德国为申根国家，去德国旅行，只需办理申根签证就行了。申根国家包括奥地利、比利时、芬兰、法国、德国、希腊、匈牙利、冰岛、意大利、荷兰、挪威、波兰、葡萄牙、西班牙、瑞典、瑞士等国家，持有德国的申根签证，就可以自由进入申根国家。对于停留不超过 3 个月的人，可以办理申根签证，一般需要 3 周时间；停留超过 3 个月的人，需要办理长期签证，一般需要 63 周的时间。就旅行来说，办理申根签证即可。

德国在中国许多城市都有驻华使领馆，以下是各地使领馆的具体信息，办理签证时你可以到自己所属的使领馆进行咨询。

德国驻华使领馆				
名称	地址	电话	办公时间	网址
德国驻华大使馆	北京市朝阳区东直门外大街 17 号	010-85329000	周一至周四 8:00 ~ 12:00、13:00 ~ 17:30；周五 8:00 ~ 12:00、12:30 ~ 15:00	www.china.diplo.de/Vertretung/china/zh/100-peki/0-hbs.html
德国驻上海总领事馆	上海市永福路 181 号	021-34010106	周一至周四 7:45 ~ 16:45，周五至 15:45	www.china.diplo.de/Vertretung/china/zh/202-shan/0-shanghai.html

续表

名称	地址	电话	办公时间	网址
德国驻成都总领事馆	成都市人民南路 4 段 19 号威斯顿联邦大厦 25 楼	028-85280800	周一至周五 9:00 ~ 12:00	www.china.diplo.de/Vertretung/china/zh/200-chengdu/0-chengdu.html
德国驻广州总领事馆	广州市天河区天河路 208 号 粤海天河城大厦 14 楼	020-83130000	周一至周五 8:30 ~ 11:30	www.china.diplo.de/Vertretung/china/zh/201-kanton/0-kanton.html

德国签证申请表格、邀请信格式以及各种类型签证所需材料可在签证申请中心网站 www.china.diplo.de 查找。

签证申请步骤

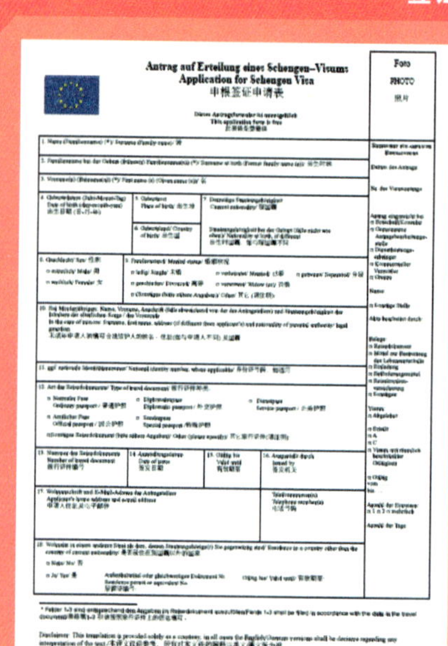

Antrag auf Erteilung eines Schengen-Visums
Application for Schengen Visa
申根签证申请表

Foto
PHOTO
照片

① 了解办签证信息

登录德国驻华使领馆网站，浏览有关签证申请信息、所需材料及办理的步骤。

② 准备申请材料

申请签证所需材料可在签证申请中心网站：www.china.diplo.de

需用英文填写签证申请表，或者你也可以选择在线填写，在线填写会使你递签时花费更少时间

③ 递交申请材料

申请签证你可以直接向当地德国驻华使领馆签证处申请，也可以向官方认定的服务商中智签证公司的签证申请受理中心递交你的申根签证申请。团组签证只能通过签证申请受理中心预约递签

④ 签证面试

除了递交相关材料，还需要去当地德国驻华使领馆进行面试。面试官会问你一些与旅行相关的简单小问题，你需要向面试官表明你此行只是去旅行，并无意长期在德国逗留

办理德国签证需要准备的材料	
名称	备注
申请表	1 份完整填写并亲笔签名的申请表，最好是打印出的通过网页 videx.diplo.de 在线填写的申请表
旅行护照	亲笔签名的旅行护照（其有效期在签证有效期终止后至少还有 3 个月）并附上 1 份护照照片页的复印件

续表

名称	备注
照片	2 张相同的（白色背景的）近期护照照片
医疗保险证明	在所有申根国有效、覆盖整个申请的逗留期的医疗保险证明原件及 1 份复印件
签证费	60 欧元，6~12 岁的儿童 35 欧元，6 岁以下儿童免费，折合人民币支付
户口簿	户口簿原件及户口簿所有信息页各 1 份复印件，无需翻译（该条款只适用于中国公民）
机票预订单	当申请多次入境旅游签证时，需要首次旅行的机票预订单，注意需为确认的往返机票，机票应该在签证颁发后出票付款
住宿证明	涵盖在申根国家停留的全部期间的住宿证明
旅行计划	能够清晰展示旅行计划的文件（如交通方式预订、行程单等）
申请人偿付能力证明	最近 3 ~ 6 个月的银行对账单，无需存款证明
关于申请人偿付能力证明 在职人员需出具：盖章的公司营业执照复印件；由雇主出具的证明信（英文件，或者中文件附上英文翻译），需使用公司正式的信头纸并加盖公章，签字，并明确日期及如下信息：1. 任职公司的地址、电话和传真号码；2. 任职公司签字人员的姓名和职务；3. 申请人姓名、职务、收入和工作年限；4. 准假证明 退休人员须出具养老金或其他固定收入证明 未就业成年人：如果已婚需出具配偶的在职和收入证明和婚姻关系公证书（由外交部认证）；如果单身 / 离异 / 丧偶须出具其他固定收入证明	
未成年人（18 岁以下）：需要出具学生证以及学校出具的证明信原件，应包含如下信息：1. 完整的学校地址及电话；2. 准假证明；3. 批准人的姓名及职位；4. 复印件一份 未成年人单独旅行时应出具由双方家长或法定监护人出具的出行同意书的公证书，并由外交部认证（在中国境外办理时由境外相关政府机构办理该公证），以及家庭关系或监护关系公证书，并由外交部认证 未成年人跟随单方家长或监护人旅行时应出具由不同行的另一方家长或者监护人出具的出行同意书的公证书，并由外交部认证（在中国境外办理时由境外相关政府机构办理该公证），以及家庭关系或监护关系公证书，并由外交部认证	

申请德国签证的两种递签方式

方式	具体信息
通过签证申请受理中心递签	通过中智签证公司申请签证是自愿的
	需在中智签证公司的网站上注册
	除签证费用外，中智签证公司会收取 25 欧元的服务费，折合人民币支付
	签证公司会根据你的旅行目的生成个性化材料清单
	可委托全权代表或通过邮寄方式递签
	预约后可获得 2 个工作日内的递签时间
	可直接将签证寄到你的住址
	申请受理情况可随时在线查询
直接向德国驻华使领馆签证处申请	签证处只收取签证费，无需支付额外的服务费
	直接向签证处申请签证必须预约递签时间，且申请人必须亲自前往签证处面签
	必须按照德国驻华大使馆官方网站上列出的要求准备申请材料
	申请处理时间为 5~10 个工作日，外加邮寄时间

Tips

如果本次旅行并不只去德国，也想去其他申根国家，但希望申请德国的申根旅游签证，最好把德国作为入境国家，也就是进入申根区的第一个国家。

1个月前需要做哪些准备

补充遗忘物品

在去德国之前的1个月就可以开始准备行李了，这样能够留出充足的时间来补充遗忘的物品。最好的办法是将所需物品列一个清单，逐个准备，然后将行李分类。当然，选择的旅游方式不同，需要准备的行李也不尽相同，这些在书中出发前的部分有图示，可以参考。

德国旅行行李清单	
类型	说明
证件类	打印或者复印好，用防水文件夹收起；并在邮箱里存一份备用电子文件
衣物类	在德国旅行不需要准备太多衣物，可以到了当地购买当地服饰
器材类	喜欢摄影、玩手游等的旅友，别忘记携带装备；电源转换器也必不可少
日常生活用品	平时保养、护理离不开的物品，如护手霜、防晒霜、面膜等
药物类	身体不太好、常用药物的旅友，要准备足量的药物，并且开具医嘱的英文件
其他物品	尤其要准备防水的包，或者把所有重要物品用塑料袋套起。德国野外蚊虫比较多，如果打算去野外最好带上驱虫喷雾剂

牢记海关禁带物品

在准备行李时，需要注意一下德国海关允许的免税入境物品数量，避免携带过多而缴纳重税。还要牢记海关禁带物品，以免惹来不必要的麻烦。

免税入境物品	
类型	备注
纪念品和礼物	经德国认证的，作为纪念品或礼品出售的物品，50克香水或1/4升花露水
香烟	17岁以上，允许携带200只香烟或100只小雪茄或50只雪茄或250克烟丝
酒精	17岁以上，允许携带1升酒精度在22%以下的酒或2升开胃酒或2升酒精度在22%以下的酒精饮料或2升利口酒
咖啡、茶叶	15岁以上，允许携带200克咖啡或100克茶叶
其他	照相机2架、摄像机1架、底片15卷，CD机1个，除违禁书籍外，其他书籍可带入
禁止物品	麻醉剂、毒品、盗版图书、盗版电脑软件、武器

7天前需要做哪些准备

开通国际漫游

如果不打算到德国当地买电话卡的话，在出发前1周时间可以将自己的手机开通国际漫游业务，但最好先关掉手机的语音信箱功能，否则一进入语音信箱，即开始计算漫游费用。中国手机开通国际漫游的具体资费，可拨打各运营商的客服电话进行咨询。移动：10086；联通：10010；电信：10000。

国际漫游资费详情					
运营商	拨打德国本地电话	拨打中国大陆电话	在德国接听电话	发中国大陆短信	GPRS漫游
中国移动	0.99 元 / 分钟	1.99 元 / 分钟	1.99 元 / 分钟	0.39 元 / 条	6 元 /3MB
中国联通	1.86 元 / 分钟	1.86 元 / 分钟	1.86 元 / 分钟	0.86 元 / 条	0.05 元 /KB
中国电信	2.99 元 / 分钟	1.99 元 / 分钟	1.99 元 / 分钟	1.29 元 / 条	0.01 元 /KB

提前兑换欧元

德国的商店都不收人民币，因此建议在国内的银行先兑换少量欧元现金。在中国的各大银行兑换欧元时需要持以下有效证件之一办理：本人身份证（中国公民）、户口簿（16 岁以下中国公民）、军人身份证件（中国人民解放军）、武装警察身份证件（中国人民武装警察）等有关法律、行政法规规定的有效证件。

除了在国内兑换欧元外，还可以购买欧元旅行支票，这样既方便又安全。在德国的大城市，你还可以使用信用卡。

了解常用语言

对大多数中国人来说，德语算是比较陌生的语言。为了减少到达德国之后的沟通障碍，你可以提前了解一些德国日常语言都怎么说。

德国旅游常用语		
中文	德语	读音
你好	Hallo	ha-lou 哈喽
谢谢	Danke	dong-ke 洞客
没关系	Never mind	nai-wei-mai-in-di 奈为买因第
公交车站	Busbahnhof	bu-si-ba-en-hou-fu 布丝巴恩后夫
酒店	Hotels	hou-tai-en-si 侯泰恩斯
医院	Krankenhaus	kang-en-hao-si 康恩浩丝
是	Seien Sie	zan-en-zi 赞恩机
多少钱	Wie viel	vi-fi-o 薇飞欧
再见	Auf Wiedersehen	a-fi-da-zi-m 阿飞大在木
对不起	Es tut mir leid	a-si-tu-ta-mi-lai-te 阿斯图特米莱特
火车站	Bahnhof	ba-en-hou-fu 巴恩后夫
飞机场	Flughafen	fu-lu-ka-fen 福录卡分
警察局	Polizeidienststelle	bu-li-zai-di-en-si-te-le 布里在迪恩斯特勒
洗手间	Toiletten	tou-e-lai-ten 投额莱腾
不是	Keine	ka-ne 开呢
便宜一点	Cheaper	shi-a-pa 式啊帕

确认行李清单

出发之前，最好先核对一下所带物品和行李清单，看看是否所需物品已携带齐全，以免到了旅途中才发现有些物品遗漏在家里。

另外整理行李时要注意行李的大小与重量是否符合机场的要求。机场可登记托运的行李（Free Bagage，Free Checked Baggagage）要求2件以内，长（L）+宽（W）+高（H）合计每件不得超过158厘米、限制合计273厘米以内，重量不得超过32千克。

德国航空公司规定经济舱的旅客可携带1件一般随身行李（23厘米×40厘米×50厘米以内）和1件商务随身行李（16厘米×33厘米×43厘米以内），重量控制在10千克以内，携带摄像机没有装入袋内时可以忽视。

Tips

1.将比较重要的证件（如护照、签证、身份证）等放在手提包内，一来可以方便检查，二来以免行李箱丢失造成不必要的麻烦。

2.将自己的行李箱做上特殊的标记（如贴上易于辨认的字或者画），这样在机场领取行李时，能更快地找到自己的行李，也减少被他人拿错的情况。

自助游、跟团游的行李

不管是自助游还是跟团游，一些生活必需品都是要带的。以下根据德国的实际情况提出一些建议，方便你收拾行李。

自驾游的行李

如果你打算到达德国之后采取自驾游的形式，除了自助游的必备物品，你还要准备一些与驾驶有关的行李，如指南针、擦车布、“车三宝”、最新地图等，导航仪可以在租车公司租到，驾驶证要准备好英文翻译件。另外，还要准备一些零钱，以备停车、过收费站使用。

安装实用APP

APP软件推荐

智能手机的普及大大方便了人们的出行，对于想要出国旅行的你，怎么能少了一款方便实用的APP软件呢？在出发之前最好在手机或者平板电脑上安装好几款APP软件，说不定它能在旅途中发挥很大的作用。

出发德国

“出发德国”是百度旅游与德国国家旅游局携手推出的一款Android APP应用，其中囊括了德国11个精选目的地，详尽地介绍了德国的风土人情和旅游攻略，并涉及德国的住宿、交通、身边的特色美食等实用信息。这款APP可免费下载，并可离线使用。

大小：24.8 MB

支持：安卓系统

“出发德国”图标

『出发德国』手机应用主界面

谷歌手机翻译器

谷歌手机翻译器（Google Translate）是Google开发的在线翻译软件，功能强大，支持超过50种不同语言的翻译。既可以输入语言进行翻译，也可以拍照进行翻译，目前的版本还有较为完善的离线语言包。这个软件需要较好的网络环境，如果你在德国旅游期间，购买了当地的无线网套餐，可以利用这个软件帮助你解决语言不通的问题。不过这里翻译一般为直译，你能大概了解语句的意思，在语序以及润色方面还有不足。

收藏必用网站

去德国之前，需要对这个国家有更加全面的了解，比如那里的风土人情、传统节日等，要想了解这些信息，最便捷的方式就是去权威的网站查询，下面就为准备出游的你提供一些可能有帮助的网站。

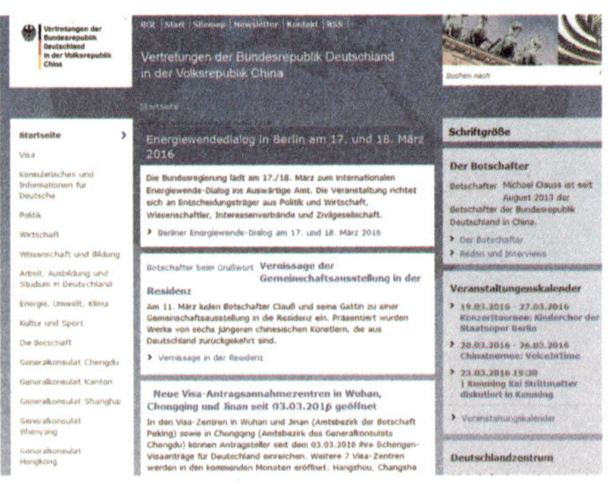

在德国游玩必知的几个网站	
名称	网址
中国驻德国大使馆	www.china-botschaft.de
德国驻华使领馆	www.china.diplo.de
汉莎航空公司	www.lufthansa.com
中国国际航空公司	www.airchina.com.cn
德国华人青年联合会	chinese-in-germany.org
德国华人论坛	www.huarenwang.com
德国国家旅游局	www.germany.travel

保存求助电话

出国旅游，保存一些求助电话是十分必要的。所以，在你准备去德国之前，不妨将一些应急电话备份到手机上，这样当你遇到紧急情况时就可以直接拨打电话求助。

中国驻德国使领馆信息			
名称	地址	电话	网址
中国驻德国大使馆	Märkisches Ufer 54 10179，Berlin	030-275880	www.china-botschaft.de
中国驻慕尼黑总领事馆	Generalkonsulat der VR ChinaRomanstraße 10780639，München	089-17301618	munich.china-consulate.org
中国驻汉堡总领事馆	Elb chaussee 268，22605 humburg，bundessrepublik deutschland	040-82276018	hamburg.chineseconsulate.org
中国驻法兰克福总领事馆	Stresemannallee 19-23，60596 Frankfurt am Main	069-75085545	hfrankfurt.china-consulate.org

德国常用紧急电话	
名称	电话
火警 / 急救	112
匪警	110
德国列车时刻查询台	0800-1507090
国航驻德国办事处	069-69052141
汽车故障求助 (ADAC)	0180-2222222

掌握入境技巧

入境步骤

当你的航班即将到达德国，就要开始准备入境手续了。下了飞机之后，找到标有“Ausgang”的出口，沿着指示标到非欧盟国家（Non-EU）的窗口，排队接受通关检查（有关于入境检查的物品的具体规定和限制情况，准备行李处有表格详细说明），并交验护照、签证。入境官员可能会用英文问些小问题，如来德国的目的、停留时间等，你只需用英文如实回答就可以了。

检查完之后，需要提取行李，取行李处标有“Gepakasgabe”，从电子屏幕上可得知自己航班的行李在第几号转盘输出。如果等不到行李，可马上与附近航空公司柜台的服务人员接洽。

出海关时，绿色出口不需要报关，但是海关人员会对行李进行抽查，如有需要报税的物品，记得要在红色出口如实申报。走出“Ausgang”口，便正式到达了德国境内。

沃尔法小镇

在德国吃什么

说起德国的美食，人们除了想到啤酒和香肠，似乎一时想不到其他有代表性的食品。其实德国虽不像意大利、法国等国家那样有着声名显赫的“国家菜”，但是在各个地方都有自己的特色美食。就连享誉全球的德国啤酒在不同的城市也有不同的风味，香肠更是多达1500多个品种，所以要了解德国特色美食，就要先了解德国各个地区的特色美食。

德国特色菜肴图鉴

德国香肠

德国香肠是德国最常见的美食，多以猪肉为原料，传统的吃法是将香肠切得跟纸一样薄再食用。德国各地香肠都颇具地方特色，种类多达1500种，其中最有名的是“黑森林火腿”。

慕尼黑啤酒

德国啤酒享誉世界，慕尼黑啤酒则享誉德国。慕尼黑有着种类繁多的啤酒，其中白啤酒（也称小麦啤酒）和金色半透明的Helles深受人们欢迎；其浓浓的香味和较低的酒精度使得它们成为慕尼黑啤酒中的佼佼者。

咸猪蹄

咸猪蹄（Schweinehaxen）是德国一道具有传统色彩的菜肴，各地做法有所不同。其中，比较传统的做法是先把猪蹄用调料腌2天，等它充分吸收了盐、酒的味道后再放入烤炉烤。这样既去除了油脂，又保留了猪蹄的胶质和水分，做出来的猪蹄表皮酥脆，里面的肉软嫩又不油腻，肉质鲜美。

8字形面包

8字形面包是德国面包的一种，它的做法是将面团分割成6等分，然后把每一份面团整成8字形，再将它们排好，放在垫了油布的烤盘上进行最后的发酵。待其发酵完成，再在面包表面刷好蛋液，放在烤箱烤熟即可。

苹果酒

苹果酒（Apfelwein）是法兰克福最有特色的饮料，它是将苹果榨汁后发酵而成的水果酒，酒精浓度不高，口感清凉酸爽，受到很多人的喜爱。

苹果焖猪肉

苹果焖猪肉是柏林比较主流的美食。它的做法是将洋葱丝、香叶及苹果片放在一起煎炒，待其变软后加鸡汤和猪肉一起放入焖锅，等猪肉熟烂后取出切片。焖肉汤汁和苹果一起过筛成泥，加盐调味成沙司，配合猪肉吃十分美味。

海员杂烩

海员杂烩（Labskaus）是著名的海港城市——汉堡的特色美食。它以腌熏肉、土豆、红甜菜以及特制腌鲱鱼等为原料制作而成。吃的时候在上面加上一只五分熟的荷包蛋，味道鲜香。如果与牛奶搭配，效果更好。

德国小吃图鉴

卡门贝干酪

卡门贝干酪是慕尼黑当地的一道美食。它的做法是在面包上加入大蒜、五里香，有时也加蘑菇、火腿等，然后在面包上涂抹奶酪，烤熟后有非常美妙的香味。

火焰料理

火焰料理（Flammkuchen）是海德堡的特色美食，也被叫做火焰蛋糕。它是在一层薄薄的面饼上加上香喷喷的火腿粒和洋葱，然后放入传统的木炉子中烤制而成的。火焰料理口感香脆，味道浓郁，是当地人非常喜欢吃的一道美食。

咖喱香肠

咖喱香肠是汉堡街头一种非常受欢迎的小吃。它是将香肠浇上掺有咖喱粉的番茄酱一起吃，有些时候还会搭配面包，这种创意的搭配，创造出了独特的美味。

红果羹

红果羹（Rote Gruetze）是汉堡当地非常常见的一道美食。它是将覆盆子或草莓加热，然后用芡粉勾芡。食用的时候，会加上香草冰激凌、香草汁或者奶油进行调味，香甜可口。

姜饼

姜饼（Lebkuchen）是汉堡的一种特色甜点，是一种介乎于蛋糕与饼干之间的点心。它由蜂蜜、坚果、杏仁和茴香、肉桂等多种香料混合做成，还加了胡椒进行调味。姜饼口味独特，香脆中带着一些辛辣。

巴尔森饼干

巴尔森饼干是汉诺威有名的特色美食。这种饼干不仅味道香甜，而且外形也很精致漂亮，受到很多游客的喜爱，是许多游客带回国的必选礼品之一。

中国游客最喜欢的餐厅

棕榈园餐厅

棕榈园餐厅（Palms Garden）是法兰克福一家非常受欢迎的中餐厅。这里提供自助餐，菜品非常丰富。在此你能吃到水煮鱼、麻婆豆腐等经典中餐，还可以吃到精致的小凉菜以及热腾腾的馅饼。

地址：Am Haupbahnhof 16, 6039 Frankfurt am Main
网址：www.chinarestaurant-palmsgarden.de
电话：069-745051

怡奇诺中餐厅

怡奇诺中餐厅（Yee Chino）是慕尼黑一家以供应北京烤鸭为主的中餐厅。其内部暗红色的装饰让整个餐厅充满了浓浓的中国风。除了北京烤鸭，这里还有精致的素菜供你选择。

地址：Helene-Weber-Allee 19, 80637 München
电话：089-15988787

中国金餐厅

中国金餐厅（China King）是汉堡一家地道的中餐厅，这里供应以淮扬菜和上海菜为主，菜品丰富，口味正宗，有名的特色菜是红烧狮子头和冷拼。

地址：Schäferkampsallee 41, 20357 Hamburg
交通：乘坐U2、U3线在Schlump站下车可到
电话：040-4104564

海上海中餐馆

海上海中餐馆（Hot Pot House）是海德堡一家上海海派菜中餐馆，这里提供各种中国美食，如糖醋排骨、藕盒儿等，但最受欢迎的是豆捞火锅。

地址：Rohrbacher Straße 16, 69115 Heidelberg
营业时间：11:30～14:30，17:30～22:30
电话：06221-5881466

在德国住哪里

在德国住宿是非常方便的，有各种档次的酒店供你选择。如果想要住得舒服一些，你可以住星级酒店；想要经济实惠一些，你可选择家庭旅馆和青年旅舍。德国的酒店房间都比较小，房间设备比较简单，而且大多不提供个人用品，如牙膏、牙刷和拖鞋等，所以最好自备。德国的大城市每年都有各种展览会，展览会期间由于人员突然增加，人们会很难找到住宿的地方，因此要么避开展会期间前往，要么提前预订好房间。德国整体来说住宿费用较国内偏高，游客要根据自己的实际情况做好预算。

德国住宿图鉴

青年旅舍

在欧洲，青年旅舍算是最经济的住宿形式。德国青年旅舍通常被称为“Jugendherberge”或“Jugendgasthaus”，设备比较简单，通常有2、4、6、8人间，男女分房，房价以床位计算，每个床位约20欧元/晚，卫浴是共用的。

一些地区的青年旅舍对入住者年龄有限定，比如26岁以下。即使没有规定，住在这里的也多是年轻人，所以可能会不太安静。其房费中大多都包含有早餐且多有门禁时间，要注意提前问好。

家庭旅馆

如果你想找一个经济合理、舒适干净的住宿地，可以选择家庭旅馆。德国有许多家庭旅馆，只是住宿条件有所不同，有些会比较现代，有些就简单普通一些。旅馆的房主会为你准备当地人日常吃的原汁原味的德国菜式，你还能够感受到德国家庭的氛围，其住宿费约40欧元/晚。

星级宾馆

德国既有现代化的国际豪华宾馆，也有口碑极佳的长期经营的酒店。它们多集中在火车站、市中心、会展中心、机场或高速公路附近。这些宾馆的设施相对齐全，而且会有高级的餐厅，四星级酒店的费用约130欧元/晚，三星级约100欧元/晚，二星级约80欧元/晚。

度假区旅馆

在德国热门的旅游区还会有专门的度假区旅馆，这些旅馆的装修、陈设与风格都各具特色，有些是拥有数百间房子的大型旅馆，有的是比较温馨的迷你小型旅馆。这种旅馆淡旺季价格差异会很大，淡季几十欧元，而到旺季可能会达到数百欧元。

中国游客最喜欢的住宿地

欧洲青年旅馆

欧洲青年旅馆（Euro Youth Hostel）坐落在慕尼黑一条安静的小巷中，距离慕尼黑中央火车站仅有2分钟的步行路程。旅馆装饰得古朴温馨，干净整洁。楼下有酒吧，休息室中有大屏幕的平面电视，这里经常还会举办卡拉OK之夜等娱乐活动，在这里你可以交到来自世界各地的朋友。

地址：Senefelderstraße 5, 80336 München
网址：www. euro-youth-hotel.de
电话：089-5990880

新亚家庭旅馆

新亚家庭旅馆位于法兰克福市中心热闹的Zeil步行街上，是由一对久居德国的华裔夫妇经营。旅馆为上下两层复式结构，环境干净整洁，上层客房带独立卫生间，下层可用早餐，有多种房间可供选择。房间内有电视、无线网络以及24小时供应热水。旅馆中还有对外开放的中餐馆。

地址：Zeil 22, 60313 Frankfurt am Main
交通：从机场乘S8路到Konstablerwache站下即可
邮箱：hostelxinya@gmail.com

Mövenpick Hotel Berlin

这是一家充满活力的四星级酒店，房间干净宽敞，色彩明亮欢快。酒店内有一间可打开玻璃屋顶的餐厅、一间现代化的健身房和一间桑拿房。酒店距离波茨坦广场仅600米，并且酒店外就是Anhalter Bahnhof S-Bahn轻轨列车站，乘坐列车仅需4分钟就可到达勃兰登堡门。

地址：Schöneberger Str. 3, 10963 Berlin
电话：030-230060
网址：www. moevenpick-hotels.com
交通：乘坐轻轨S1、S2、S25线至Berlin Anhalter Bahnhof站，出站后向西走即到

Holiday Inn Express Hamburg – St. Pauli–Messe

这是一家位于汉堡市中心的三星级酒店，周围交通非常便利。酒店提供现代化客房，内有数字化的平面电视、免费的沏茶/咖啡设备和私人浴室。酒店各处均提供无线网络连接，早晨还提供自助式早餐。

地址：Simon-von-Utrecht-Straße 39A, 20359 Hamburg
网址：www.ihg.com
电话：040-22636060

在德国怎样出行

乘坐飞机

作为一个工业高度发达的国家，德国的航空业自然也十分发达。德国境内的法兰克福机场是欧洲大陆最大的机场，除了大型的国际机场，在奥古斯堡、拜罗伊特、多特蒙德、埃尔富特、霍夫、基尔以及维斯特兰德（苏尔特）等地都设有机场，而且各个机场与其所在的城市都有方便的交通工具连接。

乘坐火车

德国的铁路网遍布全国，乘火车几乎能达到境内所有大大小小的城市。德国各大城市之间有高速列车 Inter City Express（ICE）连接，大城市与周围小城镇间有短途区间火车连接。火车也是从郊外的机场到达市区的主要交通方式之一。

在德国境内乘坐火车，可先在德铁网站（www.Bahn.de）或火车站的自动售票厅查询火车信息。然后根据你的行程选择适合的票种，如Railpass 周游券、周末票等。德国的火车票大多不含订位，为保证有位子坐，最好在确定车次后去订位。搭乘前，最好再次确认你的车次和站台，避免搭错车。

关于德国火车的详细资料可询问德国铁路股份公司（DB）的售票处以及旅行社，或拨打全德国通用的电话号码 19419（拨打时加上当地区号）咨询。

乘坐长途汽车

一般来说，在德国出行，长途汽车并不是特别常见的交通方式，毕竟在速度和安全性上都不如火车。但是在一些乡村地区，或你想全方位体验德国的风俗民情，长途客车也是一个不错的选择。

德国的长途汽车车次差别很大，不同线路的运行时间很不相同，因此如果你选择乘坐长途汽车，就要时刻留意当地发车时刻表，以免滞留延误。另外，最好留意一下当地的一日通票、一周通票或旅游票等，选择这些票种你将会因此省去不少费用。

以下是德国两家比较大的长途汽车公司的相关信息，它们基本可以满足游客在德国主要旅游景点的出行需求。

德国主要长途汽车公司信息			
名称	电话	网址	途经城市
Deutsche Touring	030-53670204	www.touring.de	汉堡、汉诺威、法兰克福、哥廷根、卡塞尔、海德堡和曼海姆
Berlin Linien	030-3384480	www.berlinlinienbus.de	柏林、慕尼黑、杜塞尔多夫、法兰克福、哈尔茨山、吕根岛、乌塞敦岛、巴伐利亚阿尔卑斯山等地

水运

德国临海，而且境内多河流和湖泊，所以水运在德国也是非常重要的一种交通方式。下表列出在德国常见的一些水运方式，以供参考。

德国常见的水运方式	
分类	概况
湖上交通	Romanshorm 至腓特烈港的汽车轮渡是穿越瑞士和德国之间的康士坦茨湖的便利选择。Schwei-zersche Bodensee-Schiffahrtsgesellschaft 航运公司全年提供这项服务
河上交通	德国境内河流众多，有莱茵河、摩泽尔河、多瑙河和易北河等。因此观赏一些美丽河岸风光的方式之一就是乘船在河上巡游。一种被人们称为“漂流旅馆”的小型豪华船可提供全包式旅行服务，包括就餐、导游、乘马车到附近城镇游览等。此类旅行典型的路线包括从阿姆斯特丹到巴塞尔，从汉堡到德累斯顿以及从纽伦堡到维也纳等
海上交通	德国的主要海港城市有基尔、吕贝克、石荷洲的特拉沃明德、梅克伦堡的罗斯托克以及吕根岛等，这些地区都有前往斯堪的纳维亚的渡船服务

自驾车

在德国旅行，越来越多的人开始选择自驾游。不过，自驾时要注意，德国高速公路上的车道有快车道、超车道、慢车道之分，最右侧是 60 千米 / 小时慢车道，最左侧道和中道分别为超车道和快车道，一定要记得按道行驶，超车之后立即回到行驶道。德国对普通公路的不同路段也有相应的车速限制规定。通常国家级公路规定最高时速为 100 千米 / 小时，市区 50 千米 / 小时，住宅区 30 千米 / 小时。

德国市内交通图鉴

地铁

地铁是德国人在市区出行时普遍选择的一种交通方式。与国内不同的是，德国的地铁站没有检票口，买好票之后需要刷票，以便打印乘车时间。如果乘车次数较多，建议购买日票，这样可以无限次搭乘。由于各个城市的情况不一，具体信息可咨询当地的旅游中心，或登录该城市的捷运局网站查询。

轻轨

与地铁一样，轻轨已经成为德国城市交通系统中重要的组成部分了。一般来说，轻轨的站牌标志会有一个“S”，有时轻轨会跟地铁共用一个站牌，要注意看站牌上的信息，以免坐错。

公交车

德国的公交系统多由许多独立的公交公司经营，各公交公司在不同地区提供服务，且都有自己的价格表和时刻表。德国的公交站点非常密集，一般每个站点都配有一种显示车次和到达本站时间的显示屏。德国的公交车通常按固定时间段运行，但要注意夜间和周末运行时间可能有变。

出租车

如果你需要赶时间或者行李比较多，可以选择乘坐出租车。德国的出租车也是按里程计费，即起步费和之后每千米加收的费用，有的地方会对行李或夜间服务收取额外费用。德国的出租车一般不会招手即停，你可以在固定的招呼点等车，也可以打电话预订。但是要注意，不要在交通拥堵时段搭乘出租车，这时候出租车往往比轨道交通慢得多。

在德国游哪里

德国境内的景点数不胜数，不过其中最有代表性的当属类型繁多的博物馆、华美壮丽的城堡以及历史悠久的教堂了。

德国博物馆图鉴

老博物馆

老博物馆是柏林博物馆岛建筑群的重要一部分，是欧洲最负盛名的近代博物馆之一。博物馆建筑呈古典主义风格，是柏林博物馆岛主要的组成部分。馆中藏品涵盖古典艺术及雕塑，主要展现的是希腊、罗马和伊特鲁里亚的文化瑰宝。

佩加蒙博物馆

佩加蒙博物馆是柏林博物馆岛建筑群的重要部分，博物馆分为古代收藏馆、西亚细亚馆和伊斯兰艺术馆。在各个场馆中不乏藏有举世闻名的珍品，如古代收藏馆中有佩加蒙神坛，西亚西亚馆中有伊施塔尔城门，伊斯兰艺术馆中有姆沙塔浮雕立面等。

仓库城博物馆

仓库城博物馆属于汉堡仓库城的一部分，馆内通过细致生动、饶有趣味的方式记录着仓库城的发展历史和贮藏历史。在这里你可以看到货物起卸、贮藏的最初面貌。

斯图加特州立绘画馆

斯图加特州立绘画馆是一座美术馆和艺术博物馆的结合，主要收藏以德国表现主义作品为中心的近现代绘画作品，尤其以印象派和立体派的作品居多。此外，馆中还有奥斯卡·施雷玛和包豪斯等人的绘画作品。

德国电影博物馆

德国电影博物馆位于法兰克福博物馆区，是德国最杰出的电影博物馆。馆中有图书馆历史和电影历史展览，在此还可以看到公共电影院首映和特别电影活动。馆中还生动地展示了现代电影如何制作特效等技巧，值得游览参观。

罗马-日耳曼博物馆

罗马-日耳曼博物是一个集研究中心、科隆考古档案馆和公共收藏馆于一身的特殊博物馆。馆藏有举世闻名的酒神马赛克镶嵌地板画，科隆地区从史前时代到中世界的考古发现，如果想了解科隆详细历史，这里是个不错的选择。

巧克力博物馆

巧克力博物馆是科隆一个特别的博物馆，博物馆中展示了欧洲巧克力的发展历程和用现代化工艺生产特色巧克力的过程。此外，在这里不仅能了解到巧克力的制作，还能品尝到各种美味的巧克力。

德国教堂图鉴

科隆大教堂

科隆大教堂位于科隆市中心，是德国最大的教堂。教堂以轻盈、雅致著称，是中世纪欧洲哥特式建筑艺术的代表作，也是世界上最完美的哥特式教堂建筑。此教堂与巴黎圣母院大教堂和梵蒂冈圣彼得大教堂并称为欧洲三大宗教建筑。

法兰克福大教堂

法兰克福大教堂位于法兰克福市中心的罗马贝格广场以东，至今已有600多年的历史。它因曾经是德国皇帝加冕的教堂，又称为“皇帝大教堂”。教堂有332级台阶直通塔顶，在塔顶可俯瞰整个城市的全景。

圣灵大教堂

圣灵大教堂位于海德堡市中心的市场广场上，是一座巴洛克风格建筑，漂亮的尖塔非常引人注目。教堂内外虽然没有繁华的装饰，但内部有玻璃彩绘，阳光斜照进来，十分美丽，映衬着整座教堂，使得它古老而有韵味。

尼古拉教堂

尼古拉教堂位于法兰克福市中心的罗马广场上，教堂经历了沧桑的历史，几经毁灭，而后得以重建。在教堂的楼顶上可以看到罗马广场的游行表演，每年这里还会举办法兰克福国际图书博览会。

德国城堡图鉴

新天鹅堡

新天鹅堡是德国的象征，同时也是德国境内最受摄影师宠爱的建筑物。新天鹅堡位于福森，这里除了白雪公主城堡的魔幻外，还有美丽的风景，如无边原始森林、柔嫩的山坡，绿野上漫步着成群的牛羊，常年积雪的阿尔卑斯山和无尽宽阔的大湖，吸引众多人前往游览。

高天鹅堡

高天鹅堡又称旧天鹅堡，是路德维希二世的父亲马克西米连二世修建的城堡，路德维希二世就是在这里度过了美好的童年。这座天鹅堡外表呈现明黄色，最初由12世纪的施万高骑士修建，后重建成新哥特式风格。它不像新天鹅堡那样张扬，更多呈现出一种庄园风格。

海德堡城堡

海德堡城堡位于海德堡城中的王座山上，历史古迹众多，经过几次扩建，形成了哥特式、巴洛克式及文艺复兴三种风格的混合体。站在城堡上，可将海德堡全市优美的风景尽收眼底。此外，这里还有很多值得观赏的宫殿、花园等。

夏洛滕堡

夏洛滕堡是柏林巴洛克建筑的典范，是柏林地区保存最好、最重要的宫殿建筑，距今已有300多年历史。宫殿曾遭到严重破坏，后经过20多年重建，才恢复了原貌。宫殿房间和大厅装饰华丽，展有众多珍品，十分值得前往参观。

在德国买什么

在工业发达、工作严谨的德国，有许多值得购买的商品，上到奢侈昂贵的服装皮具，下到美味爽口的啤酒，每个城市几乎都有自己的特色商品，无论走到哪儿都会满载而归。

德国特产图鉴

"4711"古龙水

以德国科隆店铺门牌为名的"4711"古龙水是经典型古龙水的代表。"4711"古龙水是古龙水系列中的一款修护香水，一般为男士使用，具有芬芳、提神、醒脑、止痛等多种功效。200多年来，这款香水的设计一直保持着它的原貌，蓝色、典雅的外包装，瓶身设计复古、贵族感极强。

朗格表

朗格表（A.LANGE & SOEHNE）是少见的非瑞士名表品牌，是地道的东部德国产品。它还是世界十大名表之一，以无与伦比的精湛技术和高水准的完美手工著称。朗格坚持只做机械贵金属腕表，使得它的品质和价位都居高不下，价格在10万元以上，在中国国内比较难买到。

麦森瓷器

麦森（Meissen）瓷器被称为欧洲第一名瓷，拥有近300年的历史。麦森瓷器以其高雅设计、皇家气质、纯手工制作享誉全球。白色底盘上，弧度优美的两把蓝剑交错成麦森经典的象征，喻示着至高无上的品位。麦森瓷器也是许多收藏家炙手可热的藏品。

布兰施皮具

布兰施（BRAUN BUFFEL）是创立于1887年的德国传统皮具品牌。Buffel，象征着水牛或公牛，代表其品牌与质量的坚实性、耐用性和可靠性。百年以来，布兰施已经成为包含各式高档男女皮革制品的国际品牌。

双立人刀具

双立人刀具（Zwilling）是德国的经典刀具品牌，此刀持久锋利，钢材韧性十足，刀锋如镜，甚至连刀背细节都处理得很好。双立人品牌已经成为刀具品质的象征。

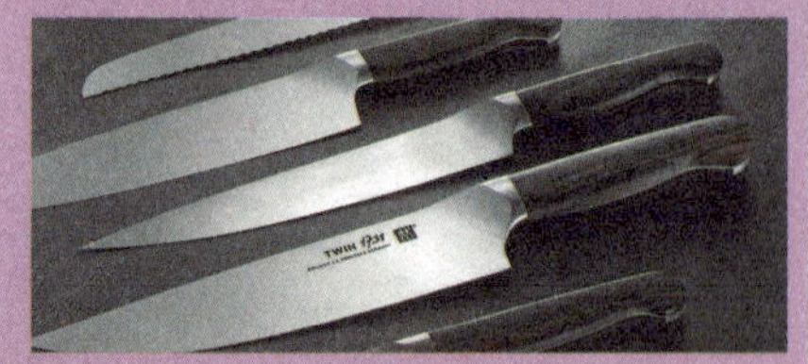

德国啤酒

德国啤酒在世界范围内都颇具影响力，代表着高品质、高享受的啤酒文化。德国啤酒在品种、风格上称得上是百花齐放，著名的啤酒品牌有慕尼黑啤酒、卢云堡、多特蒙德、贝克等。

德国实用购物用语

在德国购物，如果沟通存在障碍是比较痛苦的一件事，尤其是在各地的跳蚤市场，因此你需要掌握一些实用的购物用语。

在德国购物常用语言		
中文	德语音译	德文
你好	ha-lou 哈喽	Hallo
多少钱	vi-fi-o 薇飞欧	Wie Viel
便宜一点	shi-a-pa 式啊帕	Cheaper
贵了！	tao-ye 涛也	Teuer
兑换钱	ka-ssi-eren 卡－斯－人	Rücknahme Geld
市场	Mar-k-t 玛－刻－特	Markt
谢谢	dong-ke 洞客	Danke
再见	a-fi-da-zi-m 阿飞大在木	Auf wiedersehan

在德国怎样娱乐

德国的娱乐活动跟当地人的生活习惯息息相关。因为啤酒的盛行，酒吧在全德国境内都遍地开花。而作为贝多芬的故乡，德国也是古典音乐的大国。另外，德国还有众多的温泉，你可以去温泉酒店好好放松一下自己。

酒吧

在德国，酒吧是一个重要的社交和娱乐场所，也是德国人生活中不可缺少的一部分。德国的酒吧很多，有的时尚而精美，有的历史感十足，有的则带有浓浓的异国情调。酒吧通常会播放音乐，你可以一边欣赏动听的音乐，一边品尝地道的美酒。

推荐地

红牛酒吧（Zum Rotten Ochsen）是海德堡最为出名的学生酒吧，有着悠久的历史，据说铁血首相俾斯麦和大作家马克·吐温就曾来这里享用过美味的啤酒。许多游人专程慕名而来，因此这个酒馆常常爆满。

音乐厅

德国是一个文化气息浓厚的国家，可能是因为贝多芬的缘故，当地人对音乐有着执着的热爱。在德国，几乎每个大城市里都有一个或几个大型的音乐厅，你可以去这些装饰精美的音乐厅中欣赏一场动听的音乐会。

推荐地

法兰克福老歌剧院是法兰克福最著名的建筑之一。整座建筑呈现多种风格，外形是古希腊风格，圆拱形窗户是文艺复兴风格，内部则是富丽堂皇的巴洛克风格。现在这座歌剧院作为音乐厅和会议中心使用，每当在演出季还会上演大型音乐会。

温泉

德国是一个拥有众多温泉的国家，在德国的许多大城市中都有泡温泉的场所。你可以去著名的温泉小镇巴登，尽情享受泡温泉的乐趣，也可以去豪华的温泉酒店感受一下那里的奢华。

推荐地

位于巴登－符腾堡州的巴登，是一个出了名的温泉小镇，这里自罗马时期即为著名的温泉疗养区。此处的温泉是盐泉，对人体有极大的好处，可以治疗心脏动脉疾病、风湿病、呼吸道疾病等各种各样的病症。

应急

在国外旅行，一旦遇到什么突发状况，陌生的环境很容易让人紧张。所以在旅行过程中一定要保持警惕，不要粗心大意。如果真的遇到什么麻烦，应先保持冷静，不要慌张，然后想办法处理或者求助。

东西丢失

出门在外，总是要谨慎一些，贵重的物品要妥善保管，避免丢失。对于重要的证件最好准备复印件，万一丢失也能有个凭证。以下是一些重要物品丢失的解决办法。

重要物品丢失的解决办法	
问题	解决办法
护照遗失	当你确定护照遗失之后，应第一时间向当地的警察局报案。警察会把丢失的证件号码记录下来，然后给你一个报案号码的小卡片，以示你的护照遗失。报案后可前往当地中国驻德国使领馆补办。补办护照需提交中国驻外使领馆签发的《中华人民共和国旅行证》、户口簿、身份证原件和相应复印件；当办理证件所在的公安局出入境管理处与中国驻外使领馆核实后将补发护照
行李遗失	记得在自己的行李上做一些独有的记号，这样会为你找回行李提高成功几率。如果在飞机上或者巴士上行李遗失，应赶快找工作人员帮忙，看是否是别人拿错了行李。如果还是找不到，就要对行李进行遗失登记。在登记遗失行李表时，要详细地写清楚行李箱中的物品和价格，如3天没有找到行李，则可以向航空公司或者巴士公司要求理赔
信用卡遗失	信用卡遗失后要立即打电话至发卡银行的服务中心，办理挂失与停用，也可以与当地信用卡公司的办事处或合作银行取得联系。办理手续时需要卡号和有效期限，不要忘了把联系方式也一并记下

身体不适

出国旅行，会面临着环境与饮食的变化，身体难免不适。因此在出发前要准备一些常见的药品。如果只是感冒等小问题，可以自己根据说明书吃点药，然后好好睡上一觉，让身体慢慢恢复。如果患有慢性病，就要从国内带足药，并携带英文的诊断书，万一出现状况，当地的医生就可以尽快做出诊断。

当你在大酒店住宿时，如果感到身体不适，可以求助于酒店的工作人员。如果在旅途中不舒服，可以让身边的人帮忙叫救护车或者到附近的医院就医。或者你也可以拨打德国统一医生紧急救助电话 116117，无须加前拨号，无须付费，你就能得到帮助。

以下列举出德国主要旅游城市的一些综合性医院的信息。

德国主要旅游城市的医院相关信息			
城市	名称	地址	电话
柏林	Charité	Charitestraße 1, Berlin	030-45050
	Martin-Luther-Krankenhaus	Caspar-Theyß-Straße 27-31, Berlin	030-89550
慕尼黑	Deutsches Herzzentrum M ü nchen	Lazarettstraße 36, München	089-12180
法兰克福	Hospital zum heiligen Geist	Lange Straße 4 -6,Frankfurt am Main	069-21960
科隆	St. Marien-Hospital	Kunibertskloster 11-13, Köln	0221-1629254
汉堡	Bundeswehrkrankenhaus Hamburg	Lesserstraße 180,Hamburg	040-69470
汉诺威	DRK-Krankenhaus Clementinenhaus	L ü tzerodestraße 1,Hannover	0511-33940

德国旅游常备药物

去国外旅行，到达一个陌生的地方，气温、饮食、日常习惯与国内往往不同，身体可能因为这些改变会感到不舒服，所以你最好提前准备好一些可能用到的药物。

感冒药

德国属于西欧海洋性与东欧大陆性气候间的过渡性气候，气温变化比较快，对于中国人来说可能比较容易感冒，所以旅途中要准备一些常用的感冒药。

消化药

德国的饮食偏重肉食，比较油腻。如果你素来口味清淡的话，到了德国肠胃可能会因超过负荷而有所不适。因此准备一些肠胃药、消化药是非常必要的。

应急药品名称中德文对照		
中文名	德语名	实物
安眠药	Schlafmittel	
感冒药	Kalte Medizin	
阿司匹林	Aspirin	
止痛药（布洛芬片）	Ibuprofen	
止咳糖浆	Hustensaft	
止泻药	Antidarreheal	
胃药	Magen	
晕车药	Reisekrankheit Pillen	

行李邮寄

德国的各大城市都有中央邮局，标志为黄色。邮局的一般营业时间为周一至周五8:00～18:00，大城市的车站邮局24小时营业。邮票可以在邮局买，也可以在Tabak和Kiosk买到。邮寄信函可投入黄色信箱，航空信上要注明Luftpost，快信上要注明Eilpost。

前往机场

有些航空公司会要求乘客在离境前的72小时内，再次确认预约的机票信息。即使离境前72小时内已经确认了航班信息和机票信息，建议你在去机场之前再打电话确认一下，或是提前向航空公司服务处询问你到达机场办理登机手续的最佳时间，以便留出充足的时间到达机场。如果你不知道怎么去机场，可以向航空公司服务处询问怎么乘坐机场巴士或公交车到机场。在去机场之前要确保你带齐了护照、签证等证件。

离境手续

提前到达机场后，先找到你所要搭乘航班的登机处，然后带着你的行李排队等候办理登机手续。在办理登机手续时，工作人员会取走你的行李并核对你的机票，你必须妥善保存归还给你的那部分机票。你的行李领取凭证会被封钉在机票信封上。这时你会领到登机牌和座位号，工作人员会告知你从几号门登机。此时，你要检查航空公司工作人员是否已经将你的离境卡取下，因为德国离境时不盖离境章，离境卡是证明你已经按期离境的凭证。

办理完离境手续之后，你需要确保在航班起飞前约30分钟到达登机口。然后在上飞机前，需要在出境仪器上登录手印及护照，以便留下出境的记录。

Tips

在你离境之前，机场人员可能会要求检查你的行李或询问你行李里带了什么东西，你的旅行情况和一些其他的相关问题。有时还会要求你打开行李箱检查，或要你交出携带的电器和电子产品等。

离境流程图

到达机场 → 换登机牌 → 托运行李、出境手续 → 退税、安全检查 → 登机

到达机场：最好在飞机起飞时间前2小时到达机场，杜绝意外

换登机牌：拿着机票、护照到指定柜台(一般候机厅进门就可见航班信息大屏幕，上有对应航班的柜台编号)交给工作人员

托运行李、出境手续：指定地点办退税；大件行李要托运，通常有免费托运行李要求；如果超重超大需要额外付费；记得买份意外保险

退税、安全检查：需要提供3样物品：护照、机票、登机牌。随身的手提包里不能有道具、危险品等，甚至连水、肉类等也不能携带

登机：最好确保在航班起飞前约30分钟到达登机口。在上飞机前，需要在出境仪器上登录手印及护照，以便留下出境的记录

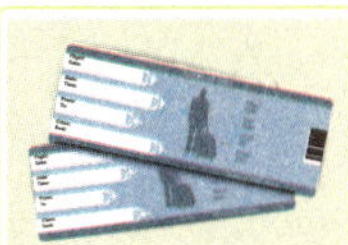

德累斯顿风光

054-127

Part 1 德国北部一周游

德国北部印象

古老而现代的城市

悠久的历史在德国北部的三座城市中留下了或深或浅的印记，至今你仍然能在这里的建筑或者博物馆中看到这些印记。然而在德国现代化进程中，这些城市并没有因厚重的历史而变得步履缓慢，反而步伐轻快地发展成了工业发达的城市。漫步在城市街头，你能感觉到既古老又现代的气息。

博物馆云集

从柏林城中文艺气息浓厚的博物馆，到汉堡的仓库城中充满趣味的博物馆，再到汉诺威城中收藏着毕加索作品的史普伦格尔博物馆，整个德国北部给人的感觉就像在一座大的博物馆中游览各种小的博物馆，类型多样的博物馆可以让你看得眼花缭乱。

洁净美丽的环境

在风格严谨的德国游览，洁净的环境自然成为这里的亮点，更难能可贵的是，这里的绿化还非常好。在这里，你可以去柏林最大的公园——蒂尔加滕公园游玩，可以去汉堡的阿尔斯特湖上泛舟，还可以去汉诺威的海恩豪森皇家花园中悠闲漫步。

科技进步的足迹

在德国北部这三座城市中，你能看到高高耸立的电视塔、流光溢彩而又现代感十足的索尼中心、繁忙而美丽的汉堡港。作为德国北部发展迅速的城市，近代以来科技的每一次进步几乎都在这里留下了独有的足迹。

交通方式对比

路线	交通方式	优点	缺点	运行时间
柏林—汉堡	火车	方便快捷	需要提前购票，时间受限制	2小时
	自驾车	可欣赏美景，自由	需要查询具体路线，熟悉当地交通规则	3小时
	长途汽车	购票方便、省心	车次较少，花费时间多	3.5小时
汉堡—汉诺威	火车	快速，有多种选择	需要提前购票，时间受限制	1小时
	自驾车	可欣赏美景，自由	需要查询具体路线，熟悉当地交通规则	1.5小时

最佳季节

德国北部冬季气候温暖，夏季凉爽，全年雨量分配平均。由于纬度相对较高，因此秋冬季节都比较冷，而且经常会出现阴沉的天气。天也变得昼短夜长，白天只有6～8小时的日照，到了12月，白天较短，太阳15:30左右就落山了。因此如果来德国北部旅游时尽量选择气候宜人的春夏季，以每年的5～10月为最佳。

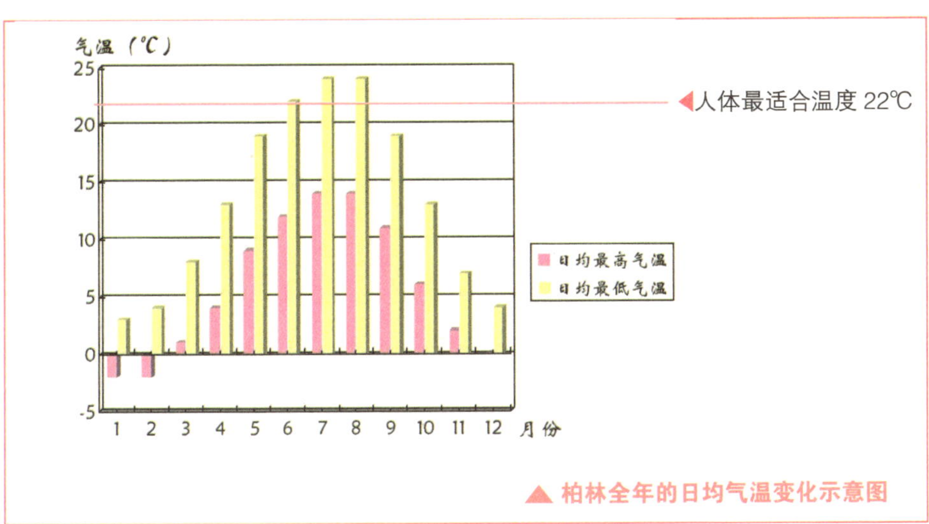

▲ 柏林全年的日均气温变化示意图

最佳季节可选衣物

在德国北部旅游最适宜的季节是春季和夏季，由于北部是温带海洋性气候，这时候天气晴好，气温比较适宜，即使夏天也不会太热，所以可以准备一些轻便的衣物。另外，要注意带上雨具，还要准备一双舒适的平底鞋。

柏林最佳季节可选衣物

衣物种类	5月	6月	7月	8月	9月	10月
风衣	√	—	—	—	—	√
厚外套	√	√	√	√	√	√
单层套装	√	√	√	√	√	√
牛仔衫裤	√	√	√	√	√	√
T恤裙装	—	√	√	√	√	—
泳装墨镜	√	√	√	√	√	√

北部路线：柏林—汉堡—汉诺威6天5夜游

6天5夜的北部路线			
城市	日期	每日安排	
柏林	Day 1	上午	德国国会大厦→勃兰登堡门→犹太人纪念碑
		下午	菩提树下大街→宪兵广场→查理检查站→普伦茨劳贝格
	Day 2	上午	亚历山大广场→红色市政厅→柏林电视塔
		下午	博物馆岛
	Day 3	上午	波茨坦广场
		下午	蒂尔加滕公园→夏洛滕堡宫→索尼中心
汉堡	Day 4	上午	市立美术馆→市政厅
		下午	阿尔斯特湖拱廊→阿尔斯特湖→阿尔斯特公园→阿尔斯特湖拱廊
	Day 5	上午	圣米迦勒教堂
		下午	仓库城→汉堡港
汉诺威	Day 6	上午	马斯湖
		下午	史普伦格尔博物馆→新市政厅→海恩豪森皇家花园

到达柏林

德国首都柏林是个古老而又美丽的城市，城市中的乳白色花岗岩筑成的勃兰登堡门、近千年历史的教堂、古老的博物馆建筑群，都向人们述说着这座城市的过往。柏林周围被森林、湖泊、河流环抱，走在这里，你仿佛沉浸在一片绿色海洋中。

通航城市

柏林虽说是德国的首都，但与中国的连接交通倒不如慕尼黑、法兰克福等城市来得方便，中国到柏林直达的航班比较少，如果不能直达，你可以考虑转机。

从中国飞往柏林的航班

从中国飞往柏林的航班，目前国内只有海南航空公司有这个业务。从北京的首都国际机场出发，到达柏林的泰格尔机场，航班为每周一、三、五、六、日起飞。除了直达，你也可以考虑转机，下面表格列出主要航空公司提供的航班，以供安排行程参考。

中国飞往柏林的航班				
航空公司	航空公司电话	城市	单程所需时间	出航信息
中国海南航空 et.hnair.com	中国客服电话 950718	北京	直达约11小时	目前首都国际机场每周二、三、五、日13:40有直达航班HU489
		广州	中转加等待时间约16小时	海南航空从广州出发的航班都要先从北京中转
		上海	中转加等待时间约16小时	海南航空从上海出发的航班都要先从北京中转
中国国际航空 www.airchina.com.cn	中国客服电话 0086-95583 欧洲客服电话 00-800-86-100999（仅供座机）	北京	中转加等待时间约20小时	可以在首都国际机场乘CA965到达法兰克福然后转机
		上海	中转加等待时间约27小时	可以在浦东国际机场乘坐CA935到达法兰克福然后转机
备注：以上数据整理于2016年5月				

Tips

怎样计算单程所需时间？什么样的机票既优惠又节省假期？请假具体天数？这些问题需要仔细考虑，在旅途中节约了交通时间，就能多出至少一天的游玩时间。

下面是中国国际航空公司官网提供的航班信息：

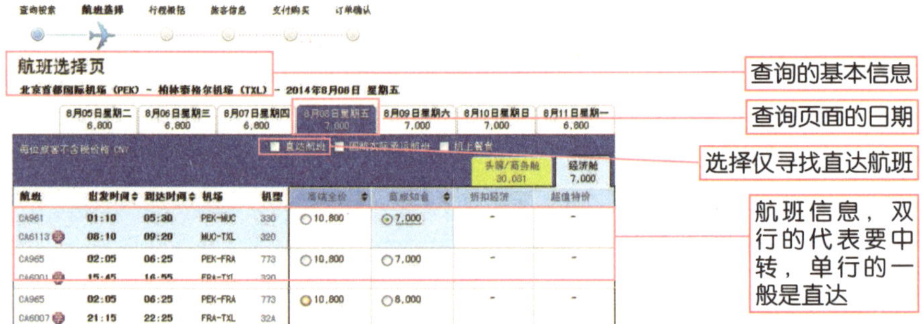

从上面的航班信息可以了解到的信息是，中国国航的CA965航班北京时间早上2:05从首都国际机场出发，德国当地时间6:25（实际北京时间12:25，计算单程总共所用时间时，建议统一用北京时间，注意夏令时）到达法兰克福国际机场，一共经历了10小时20分钟；在法兰克福国际机场需要等待9小时20分钟；之后，15:45中国国航的CA6001航班从法兰克福国际机场飞往柏林，在当地时间16:55到达，中间经历了1小时10分钟。

三段时间加在一起共19小时50分钟，再加上由家里到机场及机场到住宿地的时间，如果要乘坐中国国航航班从北京出发到柏林，你需要给自己的行程安排约23小时左右的时间。

当你乘坐飞机到达德国之后，所到的第一站就是位于柏林西北方的泰格尔机场。泰格尔机场距离柏林市中心约8千米，可以乘坐特快巴士、地铁或出租车前往市区。

特快巴士（JetEx- pressBus TXL）往返于泰格尔机场和市中心，途中经过许多著名的景点，如菩提树下大街等。从机场到达市中心约30分钟，票价约为2.7欧元。

从泰格尔机场前往柏林市区，你还可以乘坐地铁。距离机场最近的地铁站是Jakob-Kaise-Platz站。你可以从机场乘坐109路公交车到达地铁站，然后在那里坐地铁U7线到达市中心。

乘坐出租车前往市内是最便捷的方式，当然价格也要贵很多。乘出租车从泰格尔机场到亚历山大广场约22欧元，到动物园约18欧元。

柏林3日行程

柏林是个热门的旅游城市，如果在德国北部游览一周的话，可以安排3天的时间游玩柏林。前两天主要在市区游览，最后一天去距离市区较远的夏洛滕堡转一转。

Day 1 德国国会大厦→勃兰登堡门→犹太人纪念碑→菩提树下大街→宪兵广场→查理检查站→普伦茨劳贝格

柏林的景点相对来说比较集中，最受游客喜爱的就是市中心一带，因此第一天的行程就安排在市中心，各个景点相距不远，可以步行前往。晚上如果还有余力，想去普伦茨劳贝格，可以再乘车前往。

柏林第1天行程		
时间	目的地	行程安排
8:00 ~ 9:00	德国国会大厦	第一天的第一站就是国会大厦。在这里，你可以看看布满涂鸦的墙壁，了解一下跟国徽有关的故事。如果可以，最好能够登上顶楼，透过大厦的玻璃圆顶向下看
9:00 ~ 12:00	勃兰登堡门	勃兰登堡门是柏林的标志性建筑，位于国会大厦以南，看起来庄严肃穆。它前面的巴黎广场比较热闹，常常有艺人在此表演
12:00 ~ 13:30	犹太人纪念碑	在勃兰登堡门南侧，有一片碑林，这是为纪念被杀害的犹太人所建。纪念碑全是由水泥建成，简单朴实，高低不同
13:30 ~ 14:30	Lorenz Adlon Esszimmer餐厅	Lorenz Adlon Esszimmer餐厅就在勃兰登堡门附近，在餐厅餐就能欣赏到勃兰登堡门的景色。餐厅不大，气氛幽雅。来此就餐最好提前预约
14:30 ~ 15:30	菩提树下大街	菩提树下大街也是一个非常值得一游的地方，你可以看看这里不同风格的建筑，或参观著名的洪堡大学，或者仅仅在路上散步也会有惬意的感觉
15:30 ~ 17:00	宪兵广场	宪兵广场被认为是欧洲最美的广场之一。广场上有德国大教堂、法国大教堂和音乐厅等建筑，你可以好好逛一逛。如果累了，可以去广场边上的咖啡店里小憩一下
17:00 ~ 18:00	查理检查站	查理检查站是冷战期间的产物，坐落在曾经的东西柏林分界线上。到了这里，你可以感受一下当年的历史，也可以去旁边的博物馆中深入了解一下当年发生在这里的真实故事
18:00 ~ 21:30	普伦茨劳贝格	晚上可以乘车去普伦茨劳贝格购物。这里的舍恩豪斯林荫大道是街区的中轴和购物中心，水塔的周围则是休闲场所

Mauerpark
Helmholtzplatz
BRUNNENVIERTEL
普伦茨劳贝格
(Prenzlauer Berg)
Ernst -Thälmann-pank
Burdeswehrkrankenhaus Berlin
Park am Nordbahnhof
Gedenkstätte Berliner Mauer
米特区
BEZIRK MITTE
WINSVIERTEL
BÖTZOWVIERTEL
Volksbühne
Volkspark Friedrichshain
St.Georgen-Friendhof
德国国会大厦
(Reichstagsgebäude)
勃兰登堡门
(BrandenburgerTor)
犹太人纪念碑(Denkmal für die ermordeten Juden Europas)
Lorenz Adlon Esszimmer 餐厅
AB约0.5千米，步行约7分钟
DE约0.7千米，步行约15分钟
菩提树下大街
(Unter den Linden)
EF约0.5千米，步行约7分钟
GH约5.3千米，乘公交约25分钟
宪兵广场
(Gendarmenmarkt)
Spree
Spreekanal
BC约0.5千米，步行约7分钟
CD约0.4千米，步行约5分钟
FG约1千米，步行约12分钟
查理检查站
(Check point Charlie)
施普雷河
Berghain
Engelbecken

▲ 柏林第1天行程路线示意图

德国国会大厦

德国国会大厦（Reichstagsgebäude）位于柏林市中心，这座建筑融合了古典式、哥特式、文艺复兴式、巴洛克式等多种风格，是德国统一的象征。德国国会大厦内陈列着多位艺术家的各种艺术品，展厅内挂满了大厦的历史照片。其屋顶的穹形圆顶是最受欢迎的游览胜地，在此可以眺望柏林市全景。现在这儿是联邦议会的所在地。

旅游资讯

地址：Platz der Republik 1,11011,Berlin
交通：乘地铁 U55 线到 Bundestag 站下可到
网址：www.bundestag.de
票价：免费
开放时间：8:00 ~ 20:30
电话：030-22732152

旅友点赞

如果想要进入德国国会大厦需要提前做好准备，像中国游客来这里就需要先在中国驻德国大使馆办理手续。进入国会大厦里的图书馆也需要到大厦游客接待处办理手续，办理手续时需要出示国会议员的介绍信。

勃兰登堡门

勃兰登堡门（Brandenburger Tor）建于 18 世纪，距今已有 200 多年的历史，见证了柏林、德国乃至欧洲的许多重要历史事件，是柏林的标志性建筑。勃兰登堡门最初是柏林城墙的一道城门，因通往勃兰登堡而得名。这座有着新古典主义风格的砂岩建筑庄严肃穆，它以雅典卫城城门为蓝本，中央的门顶上是胜利女神驾驶四轮马车的铜像，象征着战争的胜利。

旅游资讯

地址：Pariser Platz, 10117 Berlin
交通：乘轻轨（S-Bahn）S1、S2、S25 线在菩提树下大街站（Unter den Linden）下车可到；或乘公交车 100、200 、248 路等在 Brandenburger Tor 站下车可到；或乘地铁 U55 线在 Brandenburger Tor 站下车可到
票价：免费
开放时间：9:30 ~ 18:00
电话：030-25002333

旅友点赞

勃兰登堡门看起来庄严肃穆，而它所在的巴黎广场就热闹的多，除了有来自世界各地的游客在此拍照留念，还有很多街头艺术者在此表演。每年12月31日晚上，勃兰登堡门前都会举办露天除夕新年晚会，广场和大街上都挤满了人群，人们会在午夜时分的烟火巡演中共同迎接新年的到来。

犹太人纪念碑

犹太人纪念碑（Denkmal für die ermordeten Juden Europas）位于勃兰登堡门附近，建在“二战”时期纳粹宣传部原址上。这是一片由2000多块灰白色水泥碑组成的碑林，从高处向这里看去，它就像是一片由棺椁组成的森林，给人带来非常强烈的视觉震撼。

旅游资讯

地址：Cora-Berliner-Straße 1, 10117 Berlin

交通：乘坐地铁S2、S1、S25线等在Brandenburger Tor站下车可到，从勃兰登堡门沿Ebertstraße向南100米即到

网址：www.stiftung-denkmal.de

开放时间：全天

电话：030-2639430

旅友点赞

犹太人纪念碑虽然只是一个个简简单单的方形水泥块的排列，但是步入其中，即使你对那段历史知之甚少，还是会感受到那种心灵上的震撼，让人深思，让人沉静。

由于这一天安排的景点距离都比较近，可以步行前往，因此选择吃饭地点时也可在景点附近，这样就可以悠闲地边散步边找吃的，以下2个餐厅都在勃兰登堡门附近。

1 Lorenz Adlon Esszimmer

Lorenz Adlon Esszimmer餐厅距离勃兰登堡门非常近，从这里就餐能够欣赏到勃兰登堡门的景色。餐厅不大，但是服务热情，服务员会说英语，气氛幽雅。这里的葡萄酒受到很多人的喜爱。来这里吃饭的话，建议最好提前预约。

地址：Unter den Linden 77 10117 Berlin
交通：从勃兰登堡门向东步行即到
网址：www.lorenzadlon-esszimmer.de
电话：030-22611960

2 Vapiano

Vapiano距离勃兰登堡门也不远，步行10分钟可到。这是一家意大利餐厅，主要提供比萨、意大利面、沙拉、开胃菜等意式菜品。这里食材新鲜，味道鲜美，也很受欢迎。

地址：Mittelstraße 51,10117 Berlin
交通：从勃兰登堡门向东步行约10分钟可到
网址：www.vapiano.com
电话：030-50154100

菩提树下大街

菩提树下大街（Unter den Linden）是柏林最繁华的一条林荫大道，已经有了300多年的历史。街道上林立着大大小小的建筑，其中白色大理石建造的俄罗斯大使馆是斯大林时代的“结婚蛋糕”风格的建筑；老国家图书馆中收集了大量的藏品；而图书馆旁边的洪堡大学也是非常有名，马克思和恩格斯曾在此学习，爱因斯坦和格林兄弟都是这里的杰出教员。

旅游资讯

地址：Unter den linden Avenue，Berlin

交通：乘轻轨S1、S2、S25等在Brandenburger Tor站下车可到；或乘公交100、200路在Brandenburger Tor、Unter den Linden、Staatsoper等站下车可到

开放时间：全天

旅友点赞

菩提树下大街虽然名气比不上法国的香榭丽舍大街，却也是一个非常值得一游的地方。来这里看看不同风格的建筑，或参观这里历史悠久的大学，或者在路上散步等，都是不错的选择。大街上平整的石板，齐齐整整的大树，微风拂来，一派闲适风光。

宪兵广场

宪兵广场（Gendarmenmarkt）也叫御林广场，被认为是欧洲最美的广场之一。广场被德国大教堂、法国大教堂和音乐厅等建筑所环绕，整体和谐而有韵律。广场周围还有各色的商店、咖啡厅等店铺，是休闲购物的好去处。

旅游资讯

地址：Gendarmenmarkt, 10117 Berlin

交通：乘地铁U2和U6线在Hausvogteiplatz站或Französische Straße站下车可到；或乘公交车147、257路在Gendarmenmarkt站下车可到

网址：www.berlin.de

开放时间：全天

旅友点赞

宪兵广场可以说是柏林环境最为幽雅的广场之一。到了这里，你除了可以慢慢欣赏广场上壮丽的建筑，还可以去附近的店铺逛一逛，或者到咖啡厅里坐一坐，都十分惬意。每年的夏季，这里还会举办为期一周的露天古典音乐会，到时候会有众多热爱音乐的人到这里来，更是热闹非凡。

查理检查站

旅游资讯

地址：Friedrichstraße 43-45, 10969 Berlin

交通：乘地铁 U2、U6 线在 Stadtmitte 站下车可到；乘 M48 路公交车在 Stadtmitte 或 Jerusalemer Straße 站下可到；或乘 M29 路公交车在 Charlottenstraße 站或 Kochstraße 站下可到

票价：博物馆 12.5 欧元，优惠票 9.5 欧元

网址：www.mauermuseum.de

开放时间：周一至周六 9:00 ~ 22:00

旅友点赞

对柏林历史感兴趣的人一定要来这里看一看，虽然这只是一个小小的检查站，甚至看起来有些破败，但其所包含的意义只有了解之后才能深刻体会。博物馆中展示了许多当时的人们越过柏林墙的故事，让人看后感慨万千。检查站附近常有穿着当年两方军装的人与游客合影，一次收费约为2欧元。

查理检查站（Check-point Charlie）作为“冷战”期间的产物，是当年 8 个检查站之一，在曾经的东西柏林分界线上。重建后的检查站还复制了当时的警告牌，提醒着人们那段历史。检查站旁边的查理检查站博物馆（Haus-am Checkpoint Charlie）中展示了查理检查站和柏林墙的历史。

逛了一天很有历史感的景点，这个时候或许你想要放松一下，你可以找个购物街去漫步，或者去休闲场所好好地放松放松。

1 普伦茨劳贝格

普伦茨劳贝格（Prenzlauer Berg）曾是有着曲折历史的地区，经过多年发展，现已成为购物休闲的地区。这里的舍恩豪斯林荫大道是街区的中轴，也是购物中心，水塔的周围则是休闲场所。

地址：Prenzlauer Berg

交通：乘M4有轨电车在Spandauer Str./Marienkirche站下车即可

Day 2 亚历山大广场→红色市政厅→柏林电视塔→博物馆岛

经过了第一天的游览，对柏林有了最初的印象，第二天还是选择在城中游览。第二天的景点更为集中，上午在亚历山大广场参观红色市政厅、柏林电视塔以及其他建筑，下午到博物馆岛上去看看令人眼花缭乱的各种藏品。晚上如果有时间，可以去军械库附近吃饭或者休闲娱乐。

柏林第2天行程		
时间	目的地	行程安排
8:30～9:00	亚历山大广场	亚历山大广场周围有很多有名的建筑，交通也非常方便，而且附近商场、餐厅等一应俱全，可以以此为出发点开始一天的旅程
9:00～10:00	红色市政厅	红色市政厅是一座美丽的意大利文艺复兴风格的建筑，现为柏林市政府官方办公场所。市政厅中的徽章厅、大宴会厅、圆柱厅等几个厅都对外开放，非常值得参观
10:00～12:00	柏林电视塔	电视塔位于亚历山大广场，塔高300多米，200多米处设有观景台，在观景台上可将整个柏林的美景尽收眼底。如果有兴趣，可以在观景台上的餐厅边用餐边欣赏美景
12:00～13:00	Block House餐厅	如果你没有在电视塔的观景台上吃午餐，可以在去往博物馆岛的途中找一些餐厅。Block House是当地的一家牛排餐厅，这里提供牛排、烤土豆、面包等
13:00～14:00	老博物馆	老博物馆是柏林博物馆岛建筑群重要的一部分，是一座新古典主义建筑，其中主要展出古希腊和古罗马的艺术品
14:00～15:00	老国家美术馆	从老博物馆向前走，就能看到外形庄严的老国家美术馆。美术馆中汇聚了古典主义到分离主义的欧洲艺术作品，堪称19世纪文化艺术杰作
15:00～16:00	新博物馆	老国家美术馆继续向前，就是新博物馆。馆内展示的主要有古埃及文物，还有很多考古珍品带有传奇色彩，值得前往观赏
16:00～17:00	佩加蒙博物馆	佩加蒙博物馆在老国家美术馆的西南方向，这是一个藏品极其丰富的博物馆，共有3部分组成，分别是古代收藏馆、西亚细亚馆和伊斯兰艺术馆
17:00～18:00	博德博物馆	博德博物馆是一座美术馆及货币博物馆，展出拜占庭时期的艺术作品和中世纪雕塑，而货币馆展出的是收藏的历代钱币
18:00～21:00	军械库	如果晚上想要出去吃饭或者娱乐休闲，可以去博物馆岛附近的军械库，这里一直是柏林最活跃的地区之一，奥拉尼堡大街及其支路周边有大量的休闲娱乐场所、酒吧和餐馆

▲ 柏林第2天行程路线示意图

亚历山大广场

亚历山大广场（Alexanderplatz）是柏林东部的城市生活中心，更是柏林的交通枢纽和商业中心。广场被一批著名建筑所围绕，有红色市政厅、世界时钟、柏林电视塔等，附近还有古老的尼古拉教堂。这里还是一处繁华的购物区，聚集了百货大楼和大型购物中心，这里的服装、首饰以及美容产品吸引着大批的购物者前来购物。

旅游资讯

地址：Rathausstraße 15 10178 Berlin

交通：乘轻轨 S3、S6、S7、S9 线、地铁 U2、U5、U8 线在亚历山大广场站（Alexanderplatz）下车可到；乘坐 100、142、157、200、257、348 路公交车也可到

旅友点赞

亚历山大广场周围有很多有名的建筑，交通也非常方便，而且附近商场、餐厅、酒店一应俱全，来这里购物的年轻人比较多。最有意思的是广场上的世界时钟，可以同时显示世界各地的时间。

红色市政厅

红色市政厅（Rotes Rathaus）因其使用了大量红砖修建，使得外观为红色而得名。这是一座美丽的意大利文艺复兴风格的建筑，已经有 140 多年的历史，现为柏林市政府官方办公场所，也是柏林的地标之一。市政厅中的徽章厅、大宴会厅、圆柱厅等几个厅都对外开放，非常值得参观。

旅游资讯

地址：Rathausstraße 15 10178 Berlin

交通：乘公交车 M48、N5、N8、N40、N42、N65、248 路至市政厅站下即到；或乘地铁 U2、U5、U8；或乘轻轨 S3、S5、S7、S75 至市政厅站下车即到

网址：www.berlin.de/rbmskzl　开放时间：周一至周五 9:00 ~ 18:00　电话：030-90260

旅友点赞

市政厅的外观是红色的，看上去非常漂亮。市政厅的门前有黑熊城徽。在市政厅二楼的历史大事记石刻碑上，记录了柏林从12世纪到19世纪的历史。市政厅那高高矗立的钟塔是当地居民明确的路标，钟塔尖上飘扬着州旗，旗子的中间为白底黑熊。据说“柏林”这个地名就是由德语“小熊”演化而来的。

柏林电视塔

柏林电视塔（Berliner Fernsehturm）位于市中心的亚历山大广场上，是柏林最高的建筑，深受游客的喜爱。塔高 300 多米，塔上的观景台高 200 多米，在观景台上可将整个柏林尽收眼底，天气晴好的时候，从这里还能看到 40 千米以外的地方。

旅游资讯

地址：Panoramastr. 1A10178 Berlin

交通：乘轻轨 S3、S6、S7、S9 线、地铁 U2、U5、U8 线在亚历山大广场站（Alexanderplatz）下车可到；乘坐 100、142、157、200、257、348 路公交车也可到

网址：www.tv-turm.de

票价：12 欧元（网上可购票）

开放时间：3 ~ 10 月 9:00 ~ 24:00；11 月至次年 2 月 10:00 ~ 24:00

电话：030-247575875

旅友点赞

在柏林电视塔登高望远是一件极致的享受，虽然观景台很高，但是乘电梯40秒钟就可以到达观景台。最令喜欢美食又喜欢观光的人游玩的是，观景台上有一个可自行旋转的大餐厅，餐厅自转一圈需要1个小时，如果条件允许，你可以在这里一边从容进餐，一边欣赏柏林的美丽风光。

如果你没有在柏林电视塔用午餐，那从柏林电视塔出来，就可以出发前往下一个目的地——博物馆岛，途中有不少餐厅，你可以选择环境优雅的牛排餐厅，也可以选择快速便捷的比萨店。

1 Block House

Block House 从 1968 年开店至今，已经有了 40 多家分店。这里提供地道的牛排、烤土豆、面包等，餐厅里的啤酒也受到很多食客的喜爱。

地址：Karl-Liebknecht-Straße 7 10178 Berlin
网址：www.block-house.de
电话：030-2423300

2 Piazza Rossa

Piazza Rossa 位于红色市政厅旁边，是个意大利快餐店，提供比萨、意大利面等意大利传统食品，物美价廉。如果你比较赶时间的话，可以来这里用餐。

地址：Rathausstraße 13 10178 Berlin
网址：www.piazza-rossa.com
电话：030-6122429

博物馆岛

博物馆岛（Museumsinsel）位于柏林市中心，这里拥有独一无二的艺术收藏品。这里的柏林老博物馆（Altes Museum）、新博物馆（Neues Museum）、老国家美术馆（Alte Nationalgalerie）、博德博物馆（Bodemuseum）及佩加蒙博物馆（Pergamonmuseum）等 5 座著名的博物馆，向人们集中展现了德国优秀的文化。

旅游资讯

地址：Bodestraße1-3，10117 Berlin
交通：乘轻轨 S3、S5、S7、S9、S75 到 Hackescher Markt 站下车可到；或乘公交车 100、147、157、257、348、路也可到
票价：博物馆联票 18 欧元，18 岁以下青少年及儿童可免费参观
开放时间：周一、周三、周五 10:00 ~ 18:00；周二、周四 10:00 ~ 22:00

旅友点赞

博物馆岛确实是值得好好花时间游览一番的。从这里博物馆数目繁多、类型多样的藏品中，你可以看到欧洲乃至亚洲的史前文化和古代文化，其展示范围之广、陈列品数量之多，让人恍惚有种置身于古代的感觉。如果想要细细品味的话，就算花一周的时间在这里玩也不算多。

▲ 博物馆岛景点分布示意图

老博物馆

老博物馆（Altes Museum）是柏林博物馆岛建筑群的重要一部分，1999年当选世界遗产。老博物馆陈列了古希腊和古罗马文物，著名藏品有公元前4世纪的青铜像——祈祷的男孩。该博物馆建筑外观严格遵守古希腊法式，中央的圆形大厅则以古罗马万神殿为范本，突出博物馆的文化圣殿功能。

票价：8欧元，优惠4欧元，可以使用联票，周四18:00~22:00免费参观

开放时间：周一至周日10:00~18:00（周四至22:00）

老国家美术馆

老国家美术馆（Alte Nationalgalerie）内陈列着19世纪到第一次世界大战之间的艺术品，是德国博物馆岛建筑群的重要组成部分，1999年当选世界遗产。老国家美术馆外形庄严，从正面看，如同一座雄踞高台之上的希腊神庙，非常壮观。

票价：8欧元，优惠4欧元，可以使用联票，周四18:00~22:00免费参观

开放时间：周一至周日10:00~18:00（周四至22:00）

新博物馆

新博物馆（Neues Museum）虽名为新博物馆，但它的历史并不短。新博物馆建于1841年，馆内展示的主要有古埃及文物，很多都带有传奇色彩，其中著名的有古埃及法老阿蒙霍特普四世的妻子奈费尔提蒂的半身像等。

票价：10欧元，优惠票5欧元

开放时间：周日至周三 10:00~18:00，周四至周六10:00~20:00

佩加蒙博物馆

佩加蒙博物馆（Pergamon Museum）共有3部分组成，分别是古代收藏馆、西亚细亚馆和伊斯兰艺术馆。博物馆内展品众多，其

中著名的佩加蒙神坛、米勒特、市场门等收藏在古代收藏馆内；而在伊斯兰艺术馆内收藏有姆沙塔浮雕立面、阿勒坡房间、伊斯兰世界的艺术和工艺美术等；西亚细亚馆则收藏着巴比伦、苏梅尔等古老时期的各类珍宝，其中不少都是举世闻名的珍品。

票价：8欧元，优惠票4欧元

开放时间：周五至周三10:00～18:00，周四至22:00

博德博物馆

博德博物馆（Bode-Museum）是一座美术馆及货币博物馆，内部展示有雕塑收藏、拜占庭艺术品和历代钱币等藏品。它的建筑风格与博物馆岛上的其他几个博物馆截然不同，从外观上看它更像是一座巴洛克风格的小王宫。

票价：8欧元，优惠4欧元，可以使用联票，周四18:00～22:00免费参观

开放时间：周一至周日10:00～18:0（周四至22:00）

从博物馆出来，无论你只是想找个地方吃个晚饭，还是想找个酒吧放松放松，有一个地方都是你不可错过的，那就是博物馆岛不远处的军械库附近。

1 军械库

军械库（Zeughaus）建于18世纪左右，曾作为炮兵兵工厂所用，如今是德国历史博物馆（Deutsches Historisches Museum）的所在地。军械库附近一直是柏林最活跃的地区之一，沿奥拉尼堡大街分布有大量的休闲娱乐场所、酒吧和餐馆等。

地址：Unter den Linden 2，10117 Berlin

交通：乘100、200路公交车到Lustgarten站下车可到

Day 3 波茨坦广场→蒂尔加滕公园→夏洛滕堡宫→索尼中心

在柏林的前两天，都是在市中心游览，最后一天，可以将行程安排得远一些。市区西面不远处的夏洛滕堡宫非常华丽，可以说是柏林最美丽的宫殿，因此，上午在波茨坦广场稍坐逗留后，下午就前往树木蓊郁的蒂尔加滕公园和高贵奢华的夏洛滕堡。晚上回到市中心，可以去热闹的索尼中心游玩一番。

柏林第3天行程		
时间轴	目的地	行程安排
10:00 ~ 12:00	波茨坦广场	波茨坦广场是柏林的商业中心，周围高楼林立，车水马龙，是柏林最有魅力的场所。广场上有索尼中心、电影博物馆、电视博物馆等，在克尔霍夫大楼内，你还可以乘坐电梯到达上面的观景台俯瞰柏林市全景
12:00 ~ 14:00	Ristorante Peppone餐厅	Ristorante Peppone是一家意大利餐厅，这里有意大利面、蔬菜沙拉、提拉米苏等意大利传统美食
14:00 ~ 16:00	蒂尔加滕公园	蒂尔加滕公园是柏林最大的公园，树木茂密，小路清静，非常适合漫步、野炊或者闲游。公园中心的胜利纪念柱是柏林的象征
16:30 ~ 18:00	夏洛滕堡宫	从公园出来，可以去看看富丽堂皇的夏洛滕堡宫，宫殿内收藏有许多珍贵艺术品，奢华无比，从装饰到器具无不显示出皇室的华贵高雅
18:00 ~ 20:00	索尼中心	傍晚时分，可以回到市中心，去波茨坦广场上的索尼中心看看。这里有商店、餐厅、酒店、电影院等，白天热闹无比，到了晚上更是流光溢彩，美不胜收

▲柏林第3天行程路线示意图

波茨坦广场

波茨坦广场（Potsdamer Platz）是“新柏林”的象征，它周围的景象生动活泼而又多姿多彩，是柏林最有魅力的场所。它在很早之前就是柏林的商业中心，如今这里更是高楼林立，车水马龙。广场中的克尔霍夫大楼（Kollhoff-Gebäude）内有号称欧洲速度最快的电梯，乘坐电梯到上面的观景台，可以饱览柏林市区风光。

旅游资讯

地址：Potsdamer Platz 10785 Berlin

交通：乘轻轨 S1、S2、S25 线、地铁 U2 线在波茨坦广场站下即到，乘 129、148、200、248、348 路公交车也可到

开放时间：克尔霍夫大楼观景台，周二至周日 11:00 ~ 20:00

旅友点赞

波茨坦广场是一个现代化的广场，常年热闹，其电影博物馆、电视博物馆充满了年代感，广场周围餐厅、咖啡馆林立。波茨坦广场不仅吸引着各地前来的观光游客，本地居民也常到这里来休闲购物。

因为波茨坦广场本身就有许多餐厅、快餐店，因此可以在逛完之后顺便在这里解决午饭，稍稍休息再去蒂尔加滕公园。

1 Ristorante Peppone

Ristorante Peppone 是波茨坦广场附近一家意大利餐厅。这里有意大利面、蔬菜沙拉、提拉米苏等意大利传统菜肴供应，餐厅环境优雅，服务员可以讲英文。

地址：Leipziger Platz 15 10117 Berlin
交通：从波茨坦广场向西步行即到
网址：www.ristorante-peppone.de
电话：030-22488156

2 Sushi Express

Sushi Express 是一家日式料理餐厅，位于波茨坦广场上。餐厅主要提供寿司、生鱼片等日式美食，也提供外卖服务，食物相对来说价格比较平民化。

地址：Potsdamer Platz 2 10785 Berlin
交通：就在波茨坦广场上，步行即可
网址：www.sushi-expressberlin.de
电话：030-26558055

蒂尔加滕公园

旅游资讯

地址：Straße des 17. Juni 31，10785 Berlin

交通：乘公交车 N9、N26、106 路；或乘地铁 U9；或乘轻轨 S3、S5、S7、S75 可到

蒂尔加滕公园（Tiergarten Park）是柏林最大的公园，是柏林人享受自然的地方。这里环境清幽，树木茂密，小路清静，非常适合漫步、野炊或者闲游。公园内还设有许多政府机构，其中就有设在国会大厦内的德国联邦议院和新建的总理府，这里还有一些如凯旋柱、俾斯麦雕像以及一些普鲁士将军的雕塑等建筑。

旅友点赞

这是一个巨大的公园，空气清新，景色迷人，是人们放松身心的好地方。公园中心的胜利纪念柱是柏林的象征。如果秋天来到这里，满园都是金黄的落叶，非常绚烂，踩在上面，仿佛自己置身在童话世界中。

夏洛滕堡宫

夏洛滕堡宫（Schloss Charlottenburg）是柏林巴洛克建筑的典范，整个宫殿富丽堂皇、美轮美奂。宫殿内收藏有许多珍贵艺术品，奢华无比，从装饰到器具无不显示出皇室的华贵高雅。宫殿外的花园则草木茂盛，百花争艳，景色堪比公园。

旅游资讯

地址：Spandauer Damm 20-24 Berlin

交通：乘地铁 U2 线在 Sophie Charlotte Platz 站下车可到；也可乘坐轻轨 S41、S42、S46 线在 Westend 站下车可到

网址：www.spsg.de

开放时间：4 ~ 10 月周二至周日 10:00 ~ 18:00；11 月至次年 3 月周二至周日 10:00 ~ 17:00

旅友点赞

夏洛腾堡宫内部装饰华丽优雅，有豪华的挂毯、精美的油画，到处充满艺术气息。有一个房间装饰有珍贵的琥珀，是名副其实的“琥珀室”，令人叹为观止，如果在里面逛累了，还可以去外面的园子里散散步，园内流水潺潺，花香袭人，十分惬意。

傍晚时分，经过一天的游览，回到市中心，即可融入城市的繁华。波茨坦广场上的索尼中心在霓虹灯的映衬下流光溢彩，美不胜收。

索尼中心

索尼中心（Sony Center）是波茨坦广场上非常显眼的建筑，由赫尔穆特·雅恩设计，于 2000 年竣工。索尼中心包含商店、餐厅、会议中心、酒店、电影博物馆、电影院以及 IMAX 剧场等。大厦内部提供免费 Wi-Fi 连接，可供所有游客使用。到了晚上，整座建筑在灯光照耀下分外夺目，就像绚烂的焰火一样美丽。

地址：Potsdamer Platz 10785 Berlin

交通：乘轻轨S1、S2、S25线、地铁U2线在波茨坦广场站下车可到；乘公交车129、148、200、248、348路也可到

如果多待一天

3天的时光匆匆而过，如果你对这个古老而又活力四射的城市意犹未尽，想要在这里多安排一天，那么你可以去柏林附近的波茨坦领略一下那里的景色。或选择逛遍城市的每一角落，寻找属于自己的柏林美食，尽情宠爱自己的味蕾。

在柏林的 3 天，由于景点较多，只安排了距离市中心较近的比较大众化的景点。如果能够多待一天，不妨根据自己的喜好随便走走，或者去附近的波茨坦小城感受一下那里祥和富足的气氛。

1 东边画廊

东边画廊（East Side Gallery）并非有着众多名家名作的画廊，而是柏林墙遗留的一段。这段柏林墙有 1.3 千米，是三段中最长的一段，因许多当代艺术家在这里自由创作了大量的涂鸦作品而名声在外。

地址：East Side Gallery，Mühlenstraße, 10243
交通：乘地铁U1路在Warschauer Br ü cke站下车可到；乘轻轨S3、S7、S9等路在Ostbahnhof站下车可到；或乘347路巴士在Warschauer Straße站下车可到
网址：www.eastsidegallery.com

旅友点赞

如果你对柏林的街头艺术感兴趣，一定要来这里。墙上有许多很有历史味道的涂鸦，其中不少是讽刺漫画。在满是涂鸦的墙边拍照，一个不经意的镜头就会很有画面感。

2 波茨坦

人们对波茨坦（Potsdam）的最初印象大概来自《波茨坦宣言》，其实这里同样是一处迷人的旅游胜地，也是古时国王的避暑胜地。城北的无忧宫（Sanssouci）豪华精致，堪称德国建筑的精华，足以和法国王室宫殿相媲美。新宫装饰极尽华丽，到处都是雕刻精美的雕塑，让人目不暇接。

地址：柏林市西南郊波茨坦
交通：购买勃兰登堡—柏林通票（Brandenburg-Berlin Ticker），可以供同行的4个人一起使用，在一天（9:00至次日3:00）可乘坐当地或区域性的各种交通工具到波茨坦

▲ 波茨坦景点分布示意图

柏林作为一个国际化大都市，汇聚了世界各地的美食，餐饮业十分发达。在这里，你可以吃到意大利面食、希腊烤肉、泰国的咖喱风味，还可以吃到中餐。这些餐厅档次也有高有低，可以满足不同消费层次的人群。

1 乔利餐厅

乔利餐厅（Restaurant Jolly）位于柏林市中心，与博物馆岛有一河之隔，是柏林有名的中餐厅。餐厅内的特色菜是烤鸭，此处还提供各种川菜、粤菜及各色点心、汤圆等面食。

地址：Am Kupfergraben 4 / 4A, 10117 Berlin
交通：乘12、M1路有轨电车在Georgenstr./Am Kupfergraben站下车即到
网址：www. restaurant-jolly.de
营业时间：11:30~23:00
电话：030-20059500

2 东方红餐厅

东方红餐厅（East Restaurant）是柏林当地的一家中餐厅，主要提供馄饨、春卷、面条、炒饭、烤鸭以及时令蔬菜等，环境优雅安静。

地址：Grolmanstr. 21, 10623 Berlin
交通：乘坐M49路有轨电车在Savignyplatz站下车步行即到
网址：www.east-restaurant.de
营业时间：周一至周五12:00~22:00
电话：030-60940932

3 Zur Letzten Instanz

Zur Letzten Instanz 是当地一家非常古老的餐厅，很受欢迎，无论你什么时候过去，餐厅总是人满为患，十分热闹。餐厅提供的美食很地道，你可以在这里尝到柏林最有特色的猪手，其味道正宗，分量也很大。

地址：Waisenstraße 14-16, 10179 Berlin
交通：乘地铁U2线在Klosterstraße站下车步行即到
网址：www.zurletzteninstanz.de
电话：030-2425528

在柏林购物，如果想买特色商品作为纪念，可以挑选科隆香水、德国啤酒杯、柏林墙纪念块等。这些商品需要在不同的购物场所买到，如科隆香水最好去较大的购物中心，而要买柏林墙纪念块则可以去跳蚤市场看看。柏林的购物中心和购物区非常多，几乎每个区都有自己的购物中心。其中，最具盛名要属选帝侯大街（Kurfuerstendamm），这里聚集了众多国际知名品牌，如芬迪、卡地尔、拉格斐等在这里都有自己的专卖店。此外，在库达姆大街和菩提树下大街等处还有一些大型的购物中心，而热闹的跳蚤市场一般在周末才有。

1 弗里德里希大街

弗里德里希大街（Friedrichstraße）全长 3.5 千米，这里有各种购物以及休闲场所。街上的老佛爷百货大楼有来自法国的时尚时装和饰品，在里面还可以吃到法国特色美食。街道上还拥有超过 100 家的时装店，不管是奢侈品牌还是平民商品都可以在这里找到。

地址：Friedrichstraße，Berlin
交通：乘坐地铁U6线、公交车147路在U Französische Str.下即到

2 Quartier 206

这是一家全球化的时髦奢侈品专卖店，店内装饰非常豪华，商品更是种类繁多，包括有国际设计师设计的时装及配饰，还有昂贵的美容产品、珠宝、书籍、艺术品和鲜花等。

地址：FriedrichstraBe 71, Berlin
网址：www.departmentstore-quartler 206.com
电话：030-20946500

3 Ampelmann Shop

Ampelmann Shop 是一家非常有特色的小店，这里主要售卖充满趣味的交通灯。可爱的交通灯被做成冰箱贴、T 恤、躺椅、枕头等各种形状，非常有意思，受到很多人的喜爱。

地址：Rosenthaler Str. 40-41, 10178 Berlin
交通：乘坐12、M1路有轨电车；N2、N5、N8、N40、N42、N65路公交车在U Weinmeisterstr./Gipsstr.站下车步行即到
网址：www.ampelmann.de

4 跳蚤市场

柏林的跳蚤市场大大小小加起来有十几个，它们基本都是周末营业。整个柏林市里规模最大、人数最多的要数柏林墙公园的跳蚤市场，那里售卖各类旧物品，还有很多东德时期的照片、衣物、徽章等。

Tips

柏林各商店的营业时间不一致，多数大商场营业时间为周一至周五9:30～20:00，周六9:00～18:00，周日不营业。菩提树下大街上的许多商店在国事访问期间、阅兵期间和电影节期间会延长开放时间。

柏林是一个充满乐趣的城市，无论你爱热闹还是喜欢安静，都能在此找到属于自己的娱乐方式。这里一年四季都有各种娱乐活动，电影节、文化节等各种节日丰富多彩，让人随时随地都可以感受到这个城市的热情。在这里，你可以去空气清新的公园散步，可以去酒吧放松，还可以去歌剧院静静听一首高雅的歌剧，让身心在音乐里徜徉。

1 菩提树下大街国家歌剧院

菩提树下大街国家歌剧院 (Staatsoper Unter den Linden) 是一座古典主义建筑，也是德国第一家独立的剧院。歌剧院的艺术水准始终保持一流水平，拥有丰富多彩的保留剧目，重点是莫扎特以前时代和现代的音乐作品。

地址：Unter den Linden 7, 10117 Berlin
交通：乘坐100、200、N2、TXL路公交在Staatsoper站下即到
电话：030-20354555

2 冬日花园杂艺剧院

冬日花园杂艺剧院是柏林最大的综艺节目演出场所，在这里你可以欣赏到德国最好的杂技表演。剧院大厅的装饰十分特别，天花板上安有几千颗灯泡，如同闪耀的星星，让人仿佛置身于深蓝色的天空下。每到傍晚，安德烈·赫勒尔和博恩哈德·保罗导演的经典歌舞就会在此演出。表演内容一年中会有几次变化，主要还是杂技、喜剧和歌唱等形式。

地址：Potsdam Straße 96 Berlin
交通：乘轻轨S1、S2、S25线、地铁U2线在波茨坦广场站下车可到；乘公交车129、148、200、248、348路也可到
开放时间：周一至周五12:00～18:00，周六14:00～18:00

3 客厅酒吧

客厅酒吧（WohnZimmer）是一家非常舒适的酒吧，它的装修别具一格，给人一种温馨的感觉。白天的时候这里是一间安静高雅的咖啡厅，到了晚上，这里摇身一变，成为热情高涨的酒吧。

地址：Lettestraße 6, 10437 Berlin
交通：乘坐12路公交车在Raumerstr站下车步行即到
网址：www.wohnzimmer-bar.de
电话：030-4455458

4 柏林国际电影节

柏林国际电影节（Internationale Filmfestspiele Berlin）是国际三大电影节之一，1951 年开始举办，距今已有 60 多年的历史。电影节于 2、3 月间举行，在这为期两周的时间里将是传媒界的盛事，许多国际明星将云集于此，电影人以能够得到这里的最高奖项——“金熊奖”为荣。

柏林住行攻略

柏林是德国的首都，又是旅游热门城市，因此市内有各种类型的酒店满足人们的需要。这里除了普通的酒店，还有许多出色的独立宾馆，每一家的舒适度、装饰格调和服务都非常不错。饭店前标有“Zimmer Frei”表示有空房间。除了标准间之外，许多宾馆还提供私人房间，通常提供套房设施，甚至还有为夫妇和家庭准备的小型公寓。不过一般情况下柏林的饭店房间都比较小，三星级酒店房间仅能放两张床，房间设备也非常简单。大多旅馆不提供个人用品，如牙膏、牙刷和拖鞋。在每年的 5 ~ 9 月，是柏林最为繁忙的时期，如果此时前往最好能够提前预订房间。

至于在柏林出行，则是非常方便的，你可以选择地铁、轻轨、有轨电车、公交车等方式，当然，如果你在柏林待的时间够长，可以考虑购买“柏林欢迎卡”。

在柏林住宿

柏林的住宿有星级酒店、商务旅馆、度假区旅馆、家庭旅馆、青年旅舍等几种类型。其中，星级酒店的设施齐全、服务周到，多集中在市中心，出行也比较方便。商务旅馆多集中在火车站前、市中心、会展中心、机场或高速公路附近，方便快捷。度假区的旅馆多集中在热门的旅游区且档次不一，既有拥有数百间房间的大型旅馆，也有温馨的迷你型小旅馆，可以根据自己的需要进行选择。柏林的家庭旅馆数量很多，设备等级不一，价格在 40 ~ 80 欧元 / 晚。其房主通常会准备丰盛的早餐，会让你感受到家庭的氛围。青年旅舍是柏林最便宜的住宿地，通常被称为“Jugendherberge”或“Jugendgasthaus”，一般男女分开住，房价以床位计算，每个床位约 20 欧元 / 晚。卫浴在外面，是共用的。青年旅舍多有年龄限制，因此投宿者多为年轻人，所以不可能太安静。此外，青年旅舍多有门禁时间，需要格外注意。

1 Myer's Hotel Berlin

Myer's Hotel Berlin 是一家坐落在柏林时尚区普伦茨劳贝格的三星级酒店，装潢设计是典型的德国范儿。它距离 Senefelder Platz 地铁站仅有 3 分钟步行路程，交通便利。

地址：Metzer Str. 26, 10405 Berlin
交通：乘坐U2线至Senefelder Platz站下车可到，出站后一直向东走即可看到
参考价格：80 ~ 170欧元
网址：www.myershotel.de
电话：030-440140

2 柏林威斯汀大酒店

柏林威斯汀大酒店（The Westin Grand Berlin）位于柏林市历史悠久的弗里德里希大街，距离著名的菩提树下大街仅有百米之遥。酒店装饰典雅，客房和套房均配有舒适的床铺、现代化浴室以及酒吧和餐厅服务。酒店餐厅每天提供丰盛的自助早餐，晚上还可在拥有全景窗户的大堂酒吧享用饮品。

地址：Friedrichstraße 158-164，10117 Berlin
交通：乘坐地铁U6线至U Friedrichstr.站下车后，向北走即可看到
参考价格：130 ~ 230欧元
网址：www.westin-berlin.com
电话：030-20270

巴克申帕克斯乡村酒店

巴克申帕克斯乡村酒店（baxpax downtown）是一家二星级的酒店，位于柏林最具历史的弗里德里希大街上。酒店不仅提供有一人间，还有可供 16 ~ 24 人休息的集体间。酒店各处均能使用免费的无线网络。这里的房间宽敞干净，隔音效果好，整体显得非常现代化。不过需要提醒的是洗漱用品需自带，且不提供免费早餐。

地址：Ziegelstraße 28 10117 Berlin
交通：乘坐轻轨S1、S2、S25线至Oranienburger StarBe站下车，向南走进TucholskystraBe街，第二个路口向右拐即可看到
参考价格：20 ~ 120欧元
网址：www.baxpax.de
电话：030-27874880

Citystay Hostel

这家青年旅舍地处柏林的中心地带米特区，整体设计简洁明快并充满活力，是年轻游客歇息的好地方。这里提供自行车出租服务，并且还有会多国语言的工作人员。但要注意不提供免费的床单，需要另外收费。

地址：Rosenstr. 16, 10178 Berlin
交通：乘坐S5、S7、S75线至Berlin Alexanderplatz (S)站下，出站后向西走可到
参考价格：20 ~ 70欧元
网址：www.citystay.de
电话：030-23624031

柏林其他住宿地推荐

名称	地址	电话	网址	费用
Acamakreuzberg Hotel	Tempelhofer Ufer 8, 10963 Berlin	030-25930480	www.aletto.de	单人间55欧元左右，双人间65欧元左右
InterCityHotel Berlin Hauptbahnhof	Katharina-Paulus-Straße 5, 10557 Berlin	030-2887550	www.intercityhotel.com	双人间100欧元左右
Cityhostel Berlin	Glinkastraße 5, 10117 Berlin	030-238866850	www.cityhostel-berlin.com	四人间，每个床位20欧元左右
Hotel Pension Dahlem	Unter den Eichen 89A, 12205 Berlin	030-8311050	www.hotel-dahlem.de	单人间55欧元左右，双人间75欧元左右

柏林的公共交通系统非常发达，有轻轨（S-Bahn）、地铁（U-Bahn）、有轨电车（Tram）、公交车（Bus）以及环游巴士等交通方式。虽然它们不属于同一个公司，但是在柏林买的公共交通票是可以通用的。一般来说，你可以乘坐轻轨或者地铁到目的地附近，然后再换乘需要的公交车或者有轨电车，这样会快捷很多。

地铁

德国的地铁车站都没有检票口，买好票进车厢前需要刷票，打印出乘车日期及时刻。对游客而言，日票可在 1 天内无限搭乘，十分划算，而且使用日票也无须通过特殊的人工关卡。

地铁每天运行时间比较长，大概凌晨 1:00 才会停止运营，早上 4:00 就有第一班车，周五

▲ 柏林地铁、轻轨线路示意图

S2
Bernau
Bernau-Friedenstal
Zepernick (bei Bernau)
Röntgental
Buch
Karow
Blankenburg
Pankow-Heinersdorf
Pankow
U2
Vinetastr.
Schönhauser Allee
Prenzlauer Allee
Greifswalder Str.
S42 S41
Eberswalder Str.
Senefelderplatz
Rosa-Luxemburg-Platz
Rosenthaler Platz
Alexanderplatz
亚历山大广场
Schillingstr.
Strausberger Platz
Weberwiese
Frankfurter Tor
Samariterstr.
Klosterstr.
克罗斯特
Jannowitz-brücke
Märkisches Museum
马克思博物馆
Ostbahnhof
火车东站
Spittel-markt
Heinrich-Heine-Str.
Warschauer Str.
Moritzplatz
莫里茨广场
Prinzenstr.
Schlesisches Tor
Kottbusser Tor
Görlitzer Bhf
Schönleinstr.
Hermannplatz
赫尔曼
Südstern
Boddinstr.
Leinestr.
Rathaus Neukölln
Karl-Marx-Str.
Neukölln
Hermannstr.
Sonnenallee
S41 S42
Köllnische Heide
Treptower Park
特雷普托公园
Frankfurter Allee
Ostkreuz
奥斯科鲁兹
Landsberger Allee
Storkower Str.
Magdalenen-str.
Friedrichsfelde
Lichtenberg
Nöldnerplatz
Rummelsburg
Betriebsbahnhof Rummelsburg
Karlshorst
Wuhlheide
Köpenick
Hirschgarten
RE1
Friedrichshagen
Rahnsdorf
Wilhelmshagen
Erkner
S3
S75
Wartenberg
Hohenschönhausen
Gehrenseestr.
Ahrensfelde
S75
Mehrower Allee
Raoul-Wallenberg-Str.
Marzahn
Poelchaustr.
Springpfuhl
Friedrichs-felde Ost
Tierpark
Biesdorf-Süd
Elsterwerdaer Platz
Biesdorf
Wuhletal
Kaulsdorf
Mahlsdorf
Birkenstein
Hoppegarten (Mark)
U5
Hönow
Louis-Lewin-Str.
Hellersdorf
Cottbusser Platz
Neue Grottkauer Str.
Kaulsdorf-Nord
S5
Strausberg Nord
Strausberg Stadt
Hegermühle
Strausberg
Petershagen Nord
Fredersdorf
Neuenhagen
Plänterwald
Baumschulenweg
Schöneweide
Oberspree
Spindlersfeld
S47
Betriebsbahnhof Schöneweide
Adlershof
Grünau
Eichwalde
Zeuthen
S8
Wildau
Königs Wusterhausen
S46
Altglienicke
Grünbergallee
Grenzallee
Blaschkoallee
Parchimer Allee
Britz-Süd
Johannisthaler Chaussee
Lipschitzallee
Wutzkyallee
Zwickauer Damm
Rudow
U7
X7 171 N7
Flughafen Berlin-Schönefeld
S9
Schönefeld SXF
X7 171 N7
Waßmannsdorf
BER
Flughafen Berlin Brandenburg Airport

和周六的晚上除 U1、U4 和 U12 线外所有地铁和轻轨都会通宵运行。

大多数地铁都会用扬声器提醒下一站站名，新式列车还会在车厢末尾显示站名。前提是你要知道想要到达的站名，所以带一张地铁图是很有必要的。大多数地铁车厢的天花板上都贴有大幅的线路图，车站月台上也有线路图指引。但要注意的是地铁门不是自动开的，上下车都需要按车门上的开门按钮或扳把开关。

轻轨

相对来说，轻轨的停靠点比较少，因此比较适合稍长距离的旅行，尤其是去市区的近郊。轻轨一般在 4:00 ~ 24:00 运行，周五至周日通宵营运。当然，如果想去更远一些的地方，就需要搭乘地方火车和地方快车。

公交车

柏林的公交车按市区的地铁和轻轨线路行车，大约每 30 分钟一班，实行常规票价。公交站牌处有一个很大的“H”（Haltestelle）标示，后面写着站名。公交车的驾驶员售票并且找零，下一站站名通常通过扬声器报出，或显示在一个数字屏幕上。如果你想下车的话，按扶手上的按钮就可以。公交车的车速相对较慢，但是坐在双层公交车的上面一层看看风景也是一种不错的休闲方式。公交车一般凌晨就结束运营，周日至周二会有夜间公交车。

环游巴士

为方便游客观光，柏林提供环游巴士（Berliner Citytour），以中央火车站门口为发车地点和售票点，票价十几欧元。巴士会有不同的路线供大家选择，途中提供现场英文讲解。如果对柏林不是特别熟悉，而且没有同伴一起旅行，可以选择环游巴士。

出租车

在柏林市区打车还是比较方便的，市内的各处都建有“招手驻”的出租车站，或者你也可以拨打 19410、210101 或 210202 预订出租车。出租车的起步价为 2.5 欧元，7 千米内每千米 1.5 欧元，之后每千米加收 1 欧元。如果有体积大的行李每件加收 1 欧元。如果只需要短途接送，2 千米内收取统一 3 欧元的费用，并且必须在上车前付钱，这种方式只用于非预订的出租车。

柏林车票

柏林的公交系统把柏林分成了 3 个区：A 区、B 区和 C 区，如果只是在柏林市内观光游，可以只买 AB 区的票。AB 两区的票分为 3 种，单票、日票和周票。单票为单方向，在 2 小时内有效，2 欧元。日票 5.6 欧元，周票 24.3 欧元。公交票可以在 S-Bahn、U-Bahn 站里的售票窗口购买（仅部分较大的车站中有售票窗口），或者在每个站台上的自动售票机上购买，另外在公交车司机那里也可以购买车票，价钱都是一样的。但要注意 2 小时票、天票、周票、团体票都需要打票（Entwerten）。在车站中会有一种黄色小机器（坐公交车的话，车上就有这种机器），把票插进去，就可以注明开始使用的时间。

如果去波茨坦，可以购买 ABC 区的票，ABC 区公交票对波茨坦市内的公交车也生效。波茨坦的乘车路线在 www.bvg.de 网站上可以查到。

柏林欢迎卡

柏林旅游局为来柏林的游客提供了“柏林欢迎卡”，你可以根据在柏林逗留时间的长短选择购买 48 小时、72 小时或 5 天票。柏林欢迎卡可以在柏林的有轨电车、公交车、地铁和轻轨，甚至区域火车上使用，并且附带的优惠券还可以让你在旅游过程中获得 25% 到 50% 的优惠。欢迎卡的小册子里有许多实用的小贴士，还有柏林地图及地铁图等，非常实用。

柏林欢迎卡	
种类	票价
48小时AB区卡	18.50欧元
48小时ABC区卡	20.50欧元
72小时AB区卡	24.50欧元
72小时ABC区卡	26.50欧元
5日AB区卡	31.50欧元
5日ABC区卡	36.50欧元
72小时AB区柏林欢迎卡与博物馆岛联卡	34.00欧元
72小时ABC区柏林欢迎卡与博物馆岛联卡	36.00欧元

柏林欢迎卡在柏林旅游局的 4 家信息中心、机场和多家酒店都有出售。柏林欢迎卡也可在线预订，你可以通过 www.visitberlin.de

网站了解相关信息，或者在自动售票机或售票点购买。

如果买了柏林欢迎卡后，在第一次使用时，要先在车站里的激活器上激活。把欢迎卡伸进激活器，机器会自动打上时间戳。48 小时和 72 小时卡就是你第一次打卡乘车后的有效时间。5 天卡则是从第 1 天打卡算起之后连续的 5 天内有效。如果你买了与博物馆岛的联卡，就可以在这 3 天内随意去参观位于柏林市中心区博物馆岛上的 5 个博物馆了。但要注意，柏林的大部分博物馆都会在周一关门。

Tips

在柏林市内乘公交车，如果同伴较多，最省钱的办法是买团体票（Kleingruppenkarte），团体票只有天票提供，而且只能在售票窗口或者自动售票机上购买，不能在公交车司机那里买。

从柏林至汉堡

汉堡距离柏林不到 300 千米，乘坐飞机的话多需要转机，不如其他交通方式来得方便。最为便捷的是乘坐 ICE 高速列车，只需要约 1 小时 50 分钟即可到达。也可以选择慢车，票价在 40 欧元左右，用时约 2.5 小时。另外，你也可以乘坐长途巴士，票价在 30 ~ 40 欧元，便宜一些的只能乘坐早晚发出的班次，贵一点的可以在一天中随便哪个班次乘坐，用时约 3.5 小时。

到达汉堡

汉堡位于德国东北部，是德国的古老城市之一，也是德国著名的海港城市。在汉堡，到处都能看到海运在这座城市中留下的痕迹，有汉堡市政厅、米歇尔教堂、阿尔斯特湖、仓库城、汉堡港等值得值得参观的景点。

从火车站到市区

汉堡有4个火车站，分别为汉堡的中央火车站、达姆门火车站、阿托纳火车站和哈堡火车站。以下是4个火车站的详细情况。

汉堡的火车站		
名称	经停站情况	周边交通
中央火车站（Hauptbahnhof）	中央车站是汉堡最主要的车站，与周边城市相连的多数列车都经过这里	汉堡所有的地铁和轻轨都经过这里，不少在老城内行驶的公交车也经过这里
达姆门火车站（Dammtor）	长途列车经停站；汉堡与临近城市往返慢车的火车站	乘快速高架列车S11、S21、S31可达市区
阿托纳火车站（Altona）	部分汉堡与临近地区的慢车经停站；许多长途列车始发站	乘快速高架列车S1、S2、S3、S11、S31可达市区
哈堡火车站（Harburg）	大多往南长途列车的经停站	乘快速高架列车S3、S31可达市区

从汽车站到市区

汉堡有一个汽车站，即中央公交车站（Busbahnhof,ZOB）。它位于中央火车站的东南面，是汉堡主要的国内和国际长途汽车站。从这里前往市区很方便，乘地铁、快速高架列车、公交车等交通工具即可。

汉堡2日行程

汉堡市区有一个景色秀美的阿尔斯特湖，是不得不游的地方；而作为有名的港口城市，港口繁忙而美丽的风光也是值得一看的。因此在汉堡的2天，第一天主要围绕阿尔斯特湖游玩，第二天可以去汉堡港和仓库城看一看。

市立美术馆→市政厅→阿尔斯特湖拱廊→阿尔斯特湖→阿尔斯特公园→阿尔斯特湖拱廊

在汉堡的诸多景点中，阿尔斯特湖是必游之处，而且在湖的附近围绕有许多标志性建筑，因此在汉堡的第一天，就在阿尔斯特湖附近游览。

汉堡第1天行程		
时间	目的地	行程安排
9:00～11:00	市立美术馆	汉堡的第一站是拥有众多藏品的市立美术馆。这里就像一个艺术宝库，收藏有众多的绘画作品、雕塑、版画、水彩画等
11:00～12:00	市政厅	从市里美术馆向西行走，不远处即到汉堡市政厅。市政厅最引人注目的是高100多米的钟楼，楼上镶嵌着镀金的德国之鹰，它是德意志统一的象征
12:00～13:30	Parlament 餐厅	从市政厅到阿尔斯特湖拱廊这一带比较繁华，不用走太远就能找到吃饭的地方。Parlament 餐厅在市政厅附近，餐厅装饰典雅，有着很好的氛围
13:30～14:30	阿尔斯特湖拱廊	从市政厅向北走就到了阿尔斯特湖拱廊。这是一个一面紧靠阿尔斯特湖的敞开的商店通道，你可以在这里聆听街头艺人演奏的动听乐曲，也可以静静伫立，欣赏湖中优美的景色
14:30～15:30	阿尔斯特湖	乘坐拱廊附近的游船可以让你泛舟阿尔斯特湖，这是汉堡的一大特色。从湖上看彩帆点点，绿树摇曳，波光粼粼，可以暂时将都市生活里的繁忙与喧嚣抛之脑后
15:30～18:00	阿尔斯特公园	在湖上玩累了，可以在阿尔斯特公园上岸。阿尔斯特公园是汉堡市最受欢迎的公园。这里每天都有热闹的活动，还有阿尔斯特湖畔风景最秀丽的林荫大道，非常适合一家人游玩
18:00～20:00	阿尔斯特湖拱廊	天色将晚，可以回到阿尔斯特湖拱廊，这里既是一处有名的旅游景点，同时也是一个非常时尚的购物街区。在这里你不仅可以买到一些非常时尚的小物件，还能买到汉堡的特色纪念品

阿尔斯特公园（Alster-Park）

可先乘游船游阿尔斯特湖，在阿尔斯特公园上岸

市立美术馆（Humburger Kunsthalle）

CD约0.3千米，步行约3分钟

阿尔斯特湖拱廊（Alsterarkaden）

AB约1千米，步行约13分钟

市政厅（Rathaus）

Parlament餐厅

BC约0.3千米，步行约3分钟

▲ 汉堡第1天行程路线示意图

市立美术馆

汉堡市立美术馆（Humburger Kunsthalle）由3栋建筑构成，它的外形颇具现代化，有棱有角的结构很有艺术气息。馆内收藏有哥特时期至当代的绘画作品、19~20世纪的雕塑、文艺复兴时期至今的徒手画、版画、水彩画等，其中，比较著名的是德国画家贝尔特拉姆的24幅宗教画及伦勃朗、莫奈、莱伯尔等人的作品。

旅游资讯

地址：Glockengieβerwall，20095Hamburg

交通：从中央车站向北步行即到

网址：www.hamburger-kunsthalle.de

票价：7.5欧元

开放时间：周二至周日10:00～18:00（周四到21:00）

电话：040-428131200

旅友点赞

市立美术馆中新旧两馆展现的艺术品不同，但都需要你花费足够多的时间好好欣赏，否则会错过很多艺术珍品。这里就像一个艺术宝库，除了数目繁多的绘画、雕塑作品，还有古希腊罗马时期的硬币和纪念章等。

市政厅

市政厅（Rathaus）位于市内阿尔斯特湖边，是19世纪后半期建成的新巴洛克式风格的建筑物。市政厅规模宏大，这座4层的建筑有600多个房间，比英国的白金汉宫房间还多。市政厅以砂岩为主要材料建造，在大楼上方半圆形壁龛内描绘有汉堡守护神汉莫尼雅的镶嵌画。市政厅最引人注目的是高100多米的钟楼，楼上镶嵌着镀金的德国之鹰，它是德意志统一的象征。

旅游资讯

地址：Rathausmarkt,Hamburg

交通：乘地铁U3到Rathaus站下车可到；或公交车31、34、35、36、37、102路到Rathausmarkt站下车可到

网址：www.hamburg.de

票价：成人3欧元、家庭套票6欧元

开放时间：5~10月9:00~20:00；11月至次年4月10:00~18:00；周日休息

电话：040-428312010

旅友点赞

市政厅外面的广场上有来来往往的游客和做生意的小贩，比较热闹。这里还矗立着曾在汉堡生活数年的诗人海涅的塑像。市政厅虽然是巴洛克式建筑，但淡绿色的铜质屋顶，给人一种明亮与亲切的感觉，清新中略带几分庄重。最让人称奇是，由于汉堡的地层较为松软，这座巨大的建筑是建在4000根巨木打成的木桩上的。

逛完了美术馆和市政厅，就到了吃午饭的时间了。从市政厅到阿尔斯特湖拱廊这一带比较繁华，餐馆比较多，你不用走太远就能找到吃饭的地方。

1 Parlament

Parlament餐厅在市政厅附近的一座古老建筑内。这里提供牛排、水果蛋糕、葡萄酒、啤酒等美食。餐厅装饰典雅，有着很好的氛围。

地址：Rathausmarkt 1，20095 Hamburg
交通：从市政厅向东南方步行约300米可到
电话：040-70383399

2 Saliba

Saliba位于阿尔斯特湖拱廊处，是一家提供地中海美食的餐厅。餐厅面积比较小而狭窄，常常爆满，但是氛围和美食一点也不含糊，性价比很高。

地址：Neuer Wall 13,20354 Hamburg
交通：从市政厅向阿尔斯特湖拱廊方向步行可到
网址：www.saliba.de
电话：040-345021

阿尔斯特湖拱廊

阿尔斯特湖拱廊（Alsterarkaden）位于市政厅市场和阿尔斯特湖之间，是一个一面紧靠阿尔斯特湖的敞开的商店通道，里面有许多有趣的商店和咖啡厅等。它建造于19世纪中叶，具有优雅的文艺复兴风格，走廊一面是城市的繁华，一面是湖水的恬静，它将二者巧妙地融合在一起。

旅游资讯

地址：Alsterarkaden 1 20354 Hamburg

交通：乘地铁U3在Rathaus站下车可到；或公交车31、34、35等路在Rathausmarkt站下车可到

旅友点赞

这是一个奇妙的地方，在这里，你可以融入人群，去欣赏街头艺人演奏的动听乐曲，去热闹的商店和咖啡厅购物、吃饭；也可以静静伫立，欣赏湖中清澈的湖水，绿树的倒影和悠然的白天鹅。无论怎样，你都会觉得这是一个让人舒服的地方。

阿尔斯特湖

阿尔斯特湖（Alster）是汉堡的一大象征，是汉堡人的骄傲。湖上风景如画，宁静优雅。阿尔斯特湖以隆姆巴德桥（Lombardsbrucke）为界被分为内湖和外湖。内阿尔斯特湖被市中心最有代表性的建筑群所围绕，就像一颗明珠镶嵌在市区的中央。两湖之间的大桥Kennedybrucke和隆姆巴德桥是观赏汉堡全景的好地方。

旅游资讯

地址：市政广场正对面

交通：乘地铁U3到Rathaus站下车可到；或公交车31、34、35、36、37、102等路到Rathausmarkt站下可到

票价：夏季时分，湖畔两岸可以租到帆船、划艇以及脚踏船。价格是双人每小时18欧元起。绕湖观光的阿尔斯特游船每天都有，绕湖一周约需50分钟

旅友点赞

泛舟在美丽的湖面上，看彩帆点点，湖边的绿树在湖中投下摇曳的倩影，洁白的天鹅优雅地穿梭在波光粼粼中，在此跟三五好友或谈或笑，暂时能将都市生活里的繁忙与喧嚣抛之脑后，真是梦寐已久的生活。

阿尔斯特公园

阿尔斯特公园（Alster Park）位于阿尔斯特湖畔，曾是私人的领地，现在是汉堡市最受欢迎的公园。这里每天都有热闹的活动，阿尔斯特湖畔还有风景最秀丽的林荫大道——收获者大道（Harvestehuder Road），非常适合一家人游玩。

旅游资讯

地址：Harvestehuder Weg, 20149 Hamburg

交通：乘阿尔斯特湖上的游船可停靠在此

旅友点赞

阿尔斯特公园可以说是阿尔斯特湖畔最为美丽的公园，这里绿树成荫，游人如织。阳光明媚的午后，在阿尔斯特公园长长的林荫道和柔软的草地上漫步，舒适而惬意，就好像整个人扎进了大自然的怀抱。

从阿尔斯特公园回来，天色将晚，如果体力还可以，不想这么早回酒店，可以回到阿尔斯特湖拱廊来，去商店里购物或者在咖啡馆里坐坐，看看夜色中的汉堡和阿尔斯特湖。

1 阿尔斯特湖拱廊

阿尔斯特湖拱廊齐聚了许多有趣的商店。在这里，你不仅可以买到一些非常时尚的小物件，还能买到汉堡的特色纪念品。

Day 5 圣米迦勒教堂→仓库城→汉堡港

在汉堡，除了阿尔斯特湖，还有一个地方不得不去，那就是浓缩了汉堡历史的仓库城。那里有充满趣味的微缩景观世界，也有令人尖叫的汉堡地牢。在汉堡的第二天，就从圣米迦勒教堂出发到达仓库城。

汉堡第2天行程			
时间轴	目的地		行程安排
10:00～12:00	圣米迦勒教堂		圣米迦勒教堂是汉堡的标志性建筑之一。教堂的内部装饰极其精美，很有艺术感。它有着巴洛克式的尖顶，乘坐电梯可到达塔顶一览汉堡市中心及易北河风光
12:00～13:30	Old Commercial Room 餐厅		圣米迦勒教堂位于市中心，这里有不少德国传统风味餐厅，你可以就近吃个午饭。Old Commercial Room毗邻圣米迦勒教堂，餐厅装饰很有韵味，菜肴也是德国传统菜肴，气氛很好
13:30～15:00	仓库城	微缩景观世界	微缩景观世界位于仓库城，是世界上最大的铁道火车模型馆。这里有上千座房屋和桥梁、几十万棵树木和人物塑像，都是按比例缩建，栩栩如生，气势恢宏
15:00～16:00		汉堡地牢	汉堡地牢并不是真正的地牢，是有点类似于国内鬼屋的游乐设施，游客会被工作人员引导到十几个不同的房间，里面是由鲜血、谋杀、疾病和酷刑营造出的一种可怕的气氛
16:00～17:00		仓库城博物馆	仓库城博物馆位于仓库城一条不起眼的小巷中，里面饶有趣味地记录着仓库城的发展历史和贮藏历史，实际演示了货物起卸、贮藏的最初面貌
17:00～19:00		香料博物馆	香料博物馆是一家非常有趣的博物馆，里面展示了来自世界各地的各式调味香料，游客能够触摸、闻和品尝其中的50多种香料
19:00～20:30	汉堡港		从仓库城出来，已到傍晚时分，这时你可以去附近的汉堡港转转，那里有美味可口的鱼汉堡、色彩斑斓的纪念品商店，你还能悠闲地欣赏港口的美丽风光

▲ 汉堡第2天行程路线示意图

圣米迦勒教堂

旅游资讯

地址：Englische Planke 1, 20459 Hamburg

交通：乘地铁 U3 线在 Rödingsmarkt 或 St.Pauli 站下车；乘公交车 3 路到 HamburgerMichel 站下车可到

网址：www.st-michaelis.de

票价：教堂参观免费，登塔电梯成人 5 欧元，优惠票 3.5 欧元

开放时间：4 ~ 9 月周一至周六 9:00 ~ 17:30，周日 11:00 ~ 17:30；10 月至次年 3 月周一至周六 9:00 ~ 17:00，周日 11:30 ~ 17:00

电话：040-376780

旅友点赞

圣米迦勒教堂装饰得十分精致，平面略成花瓣十字形，色调以明快的白色为主。祭坛和花萼形布道坛都是意大利风格的大理石建筑。高耸的穹顶起到了完美的扩音效果，据说吸引了很多合唱团来此灌录唱片。

圣米迦勒教堂（Hauptkirche St. Michaelis）高 130 多米，是汉堡的标志性建筑之一。这座教堂经历了漫长的岁月，历史上曾多次被毁，目前修缮好的教堂是一座巴洛克式风格的建筑。它有着巴洛克式的尖顶，教堂的正门上方放着米迦勒战胜魔鬼的大型青铜雕塑，教堂的内部装饰极其精美，很有艺术感。乘坐电梯可到达塔顶，一览汉堡市中心及易北河风光。

圣米迦勒教堂位于市中心，周围分布着许多德国传统餐厅。你可以来这里品尝德国的汤、蔬菜沙拉和香肠等传统美食。

1 Old Commercial Room

Old Commercial Room 是毗邻圣米迦勒教堂的一家传统餐厅，内部装饰比较复古，很有韵味，菜品主要提供德国传统菜肴，服务周到，气氛很好，价格偏高，前来就餐最好能提前预订。

地址：Englische Planke 10，20459 Hamburg
交通：毗邻圣米迦勒教堂，步行即达
网址：www.oldcommercialroom.de
电话：040-366319

2 Krameramtsstuben

Krameramtsstuben 是位于一家院子中的小小餐厅，却有着悠久的历史。餐厅提供地道美味的德国传统菜肴，内部装饰质朴而温馨，服务热情细致。

地址：Krayenkamp 10，20459 Hamburg
交通：从圣米迦勒教堂向东南步行约200米即到
网址：www.krameramtsstuben.de
电话：040-365800

仓库城

仓库城（Speicherstadt）仿佛浓缩了汉堡的历史，讲述着数百年来汉堡繁荣的贸易和交通史。长长的仓库城街区包括了水陆两路，街区内尽是砖结构的哥特式建筑。在厚实的墙壁后面储存着来自世界各地的“珍宝”，不仅有咖啡、茶、可可、烟草等，还有地毯和高档的电子产品。另外，这里还有仓库城博物馆、微缩景观世界及香料博物馆等让人惊喜的博物馆。

旅游资讯

地址：Kehrwiedersteg 2-4,Hamburg

交通：乘坐轻轨 S1、S2 线至 Landungsbrücken 站可到达；或搭乘地铁 U3 线至 Landungsbrücken 站或 Baumwall 站可到达

开放时间：仓库城整体全天开放，内部博物馆有各自开闭馆时间

旅友点赞

仓库城就像一座宝藏，里面各种饶有趣味的博物馆让人流连忘返。其中，最让人难忘的是微缩景观世界，里面的所有城市景观模型都特别精美细致，还有跑动的火车模型、奔驰的汽车模型，其中还有人的模型，甚至连人的表情都精细地做了出来，让人赞叹不已。

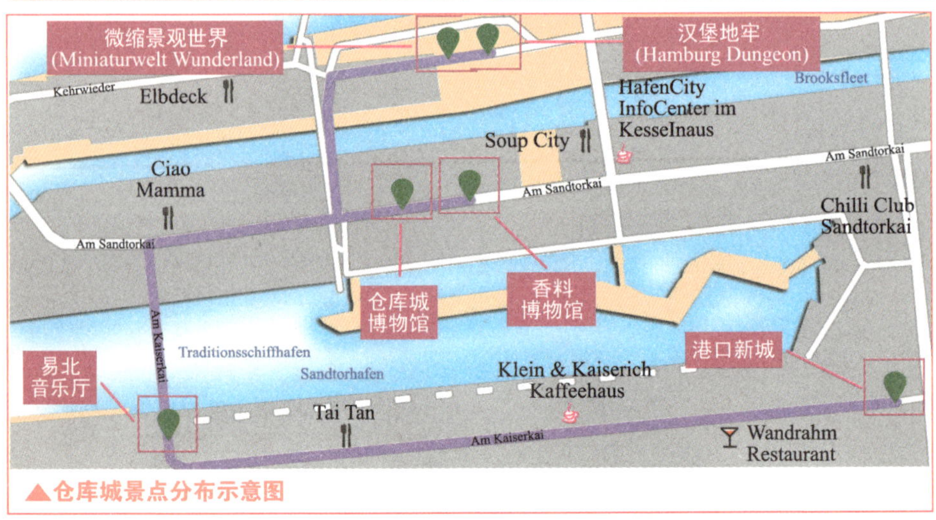

▲仓库城景点分布示意图

微缩景观世界

微缩景观世界（Miniaturwelt Wunderland）于2001年对外开放，是世界上最大的铁道火车模型馆，已入选《吉尼斯世界纪录大全》。这里有上千座房屋和桥梁、几十万棵树木和人物塑像，都是按比例缩建，营造出了一种气势宏大的场面。

网址：www. miniatur-wunderland.de
票价：成人13欧元，16岁以下6.5欧元，身高1米以下儿童免费
开放时间：周一、周三至周五9:30～18:00，周二9:30～21:00,周六8:00～21:00，周日8:30～20:00
电话：040-3006800

汉堡地牢

汉堡地牢（Hamburg Dungeon）是一处连锁旅游景点，展观的是汉堡黑暗历史旅程，有点类似于国内的鬼屋。游客将会被工作人员引导到十几个不同的房间，里面用鲜血、谋杀、疾病和酷刑营造一种可怕的气氛。这里每隔7分钟发团一次，游程大概1小时。

票价：成人票20欧元左右，儿童票15欧元左右
开放时间：7~8月10:00~18:00；3~6月和9~12月10:00~17:00；1~2月11:00～17:00
网址：www.thedungeons.com

仓库城博物馆

仓库城博物馆（Speicherstadtmuseum）位于仓库城一条不起眼的小巷中，里面细致生动、饶有趣味地记录着仓库城的发展历史和贮藏历史，实际演示了货物起卸、贮藏的最初面貌，特别是咖啡贸易时的一切。

票价：成人票3欧元，优惠价1.9欧元
开放时间：周二至周日10:00～17:00
电话：040-321191

香料博物馆

香料博物馆（Spicy's Gewürz museum）开设于 1991 年，展厅有 300 多平方米，是一家非常有趣的博物馆。馆内展示了来自世界各地的各式调味香料，光是辣椒和胡椒就有来自不同国家的很多种。在这里，游客能够触摸、闻和品尝其中的 50 多种香料。

票价：成人票3欧元，儿童票1欧元
开放时间：周二至周日10:00～17:00
电话：040-367989

从仓库城出来，即使行程再快，大概也到了傍晚时分，这时你可以去附近的汉堡港转转，那里有美味可口的鱼汉堡、色彩斑斓的纪念品商店，还有美丽的港口风光。

1 汉堡港

汉堡港（Hamburger Harbour）是德国最大的海港，也是欧洲最佳转口港之一，现在已经变成了人们休闲和旅游的场所。沿 Landungsbrucken 地铁和轻轨站上面的台阶攀登，到达 Stintfang 石砌露台，可以俯瞰美丽的海港风光。

地址：Hamburger Harbour
交通：乘轻轨S1、S3线或地铁U3线在Landungsbruecken下车即达

Tips

每年5月，在这里有为期3天的汉堡港口节，届时有芭蕾舞表演、大型帆船检阅和烟火表演等，是游览汉堡港的最佳时期。

如果多待一天

如果有足够的时间自由支配，又觉得在汉堡游玩2天的时间有点仓促，可以将汉堡的行程延长至3天。在这多出来的一天里，可以做以下安排。

港口城市汉堡遍地都是景点，2 天行程太过匆忙，不能把所有的景点都细细游览一遍，如果多出一天的时间，一定要去好好欣赏一下那些没来得及看的景点。

1 尼古拉教堂

尼古拉教堂（St. Nicholas' Church）曾经是汉堡 5 座主要的新教教堂之一，由于第二次世界大战的破坏，内部的情景已经不复当年，但依然能从它的外部看出是一座新哥特式建筑，教堂的外面立有一些雕像，经常有游客在这里进行拍照留念。

地址：Willy-Brandt-Straße 60, 20457 Hamburg
交通：乘坐31路公交车在Großer Burstah站下步行即到
网址：www. mahnmal-st-nikolai.de
票价：2欧元，儿童1欧元
开放时间：11:00～17:00
电话：040-371125

旅友点赞

教堂的周围有些空旷，这里的游客相对于其他地方也少了许多，这座教堂见证了汉堡沧桑的历史。如今它的外表已经泛黑，看起来毫不引人注意，却无端地有一种震撼感。

2 智利屋

智利屋（Chilehaus）是歇德大街上的一座表现主义建筑。它由 1 座主楼和 2 座次楼组成，主楼高达 8 层，旁边的次楼为 5 层。智利屋有着红褐色的外墙和精致的白色窗户，整体造型看起来就像一艘由西向东行驶的巨轮，非常别致。

地址：Fischertwiete 2, 20095 Hamburg
交通：乘坐地铁U1线在Meßberg站下车可到，或乘U3线在Mönckebergstraße站下车可到
网址：www.chilehaus.de

旅友点赞

智利屋是由著名设计师弗里兹·赫格设计建造的一座表现主义的建筑，除了别致的外形，它内部奢侈华丽的装饰也是值得一看的。

3 汉堡城市公园

汉堡城市公园（Hamburg City Park）位于汉堡市中心附近，占地面积大，绿化面积广。公园内设有大草坪、露天游泳池、露天舞台、天文馆以及啤酒园等，都是值得游览的地方。园中的许多设施都适合小朋友玩耍，是家庭出游的首选之地。在城市公园里和旁边都有咖啡厅和餐厅供应食物。

地址：Hamburg-Nord，22303 Hamburg
交通：乘U1 Stenphansplatz站下车即可到
电话：040-201142

旅友点赞

这是一个静谧、祥和的公园，你可以在公园的草地上沐浴阳光，也可以在露天游泳池畅游。这里每到晚间9:00还会有音乐喷泉表演，吸引了很多人驻足观赏。

4 汉堡历史博物馆

在汉堡历史博物馆（Museum fur Hamburgische Geschichte）里，你可以详细了解汉堡从创建至今的历史，其中所收藏的文物涉及这个城市的交通、贸易、港口、文化、历史、宪政的建立等社会生活的方方面面。如果你想要深入了解汉堡的话，这里是一定要来的。

旅友点赞

这个博物馆详细记载了汉堡这座城市经历的风风雨雨，甚至连1842年的大火也在这里记载下来。馆内还有市内教堂以及一些有名船只的缩小模型，非常逼真。其中，最不可错过的是位于二楼的华纳号模型，它和实物大小一样，值得一看。

地址：Holstenwall24,20355 Hamburg
开放时间：周二至周日10:00～18:00，周一13:00～17:00
网址：www.hamburgmuseum.de

多待一天的美食

汉堡作为一个港口城市，它的美食也带有浓郁的异域风情。当地特色的海员杂烩（Labskaus）、鱼虾汉堡以及红果羹（Rote Gruetze）等都是一定要品尝的特色美食。汉堡美食餐厅大多都集中在达西街（DeichStr.）、阿托纳大易北河街（Grosse Elbestrasse）以及汉堡鱼市（Fischmarkt）一带，这些地方不仅有当地的特色餐厅，还有中式、日式、泰式、越式等各式料理。

1 Fischereihafen

这是一家传统的德国海鲜餐馆，据说许多汉堡的名人都曾来这里用过餐。餐厅靠近海边，环境优雅，在这里用餐还能欣赏到海岸美丽的风景。餐厅最受欢迎的菜肴是金枪鱼肉泥，配上鲆鱼蘸点芥末酱食用，味道非常鲜美。

地址：Grosse Elbstrasse 143,22767 Hambury
交通：乘112路公交车在Elbberg站下车可到；或乘快速高架列车S1、S2、S3线在Königstraße站下车可到
营业时间：周一至周四及周日11:30～22:00，周五至周六11:30～22:30
电话：040-381816

2 Krameramtsstuben

这家位于圣米歇尔教堂附近的餐厅环境幽雅，内部采用木架结构装饰，给人一种古色古香的感觉。餐厅菜肴以北德地区的特色菜为主，不仅提供了咖喱鱼肠、红果羹等汉堡特色美食，还提供维也纳炸猪排、炸虾等国际性美食。

地址：Krayenkamp 10, 20459 Hamburg
交通：乘37路公交车在Michaeliskirche站下车可到；或乘地铁U3线在Rödingsmarkt站下车可到
网址：www.krameramtsstuben.de
营业时间：10:00～24:00
电话：040-365800

3 Warsteiner Elbspeicher

Warsteiner Elbspeicher是汉堡港附近的一家德国传统风味的餐厅，以供应地道的德国美食为主。这家餐厅有可俯瞰易北河和汉堡港美景的露台，是个理想的户外用餐的场所，在此边享用美食边欣赏美景是一次很棒的体验。

地址：Große Elbstraße 39, Hamburg
电话：040-382242

4 La Sepia

这是汉堡著名葡式海鲜餐厅，店内装饰充满海岸风情。餐桌上的蜡烛点在酒瓶里，让人感觉像坐进了海盗船。餐厅的葡萄酒是店家的秘方，味道很不错。值得推荐的是海鲜拼盘，从味道到分量都非常给力。

地址：Neuer Pferdemarkt 16，20359 Hamburg
交通：乘坐S11、S21、S31到Sternschanzen站下车即可到
营业时间：周一至周日12:00至次日2:00
电话：040-4322484

汉堡是一个理想的购物天堂。这里聚集了众多的高档商场，不仅商品齐全，而且还有很多免税商店。更重要的是，汉堡作为一个大型的港口城市，运输成本相对低廉，这里的物价比德国其他城市要低。尤其是在打折期的时候，很多品牌商品的价格会比国内低很多。

汉堡主要有2个购物区：一个位于中央火车站西面的Spitalerstrasse街和Mönckebergstraße街的两边，主要集中分布着许多大型的百货商场和品牌服装店；另一个是由Neuer Wall、Jungfernstieg和Fuhientwiete这3条街道构成的三角地区。另外，圣保利区北面的香珍区和卡罗林区分布着许多复古服装店，在这里你甚至能淘到20世纪70年代的运动衫和印度宝莱坞时装等。不得不提的还有当地的鱼市，当地渔民在每周日早上会把打捞上来的海鲜产品，拿到汉堡港附近的鱼市上叫卖。届时不仅有当地人前来购买，而且越来越多的游客也会来尝鲜。

1 处女堤

处女堤（Jungfernstieg）位于阿尔斯特湖畔，这里不仅是一个观赏湖景的好去处，也是汉堡传统购物步行街。堤上有大大小小的鞋店、皮货店以及旅游用品店等，豪华热闹而不失高雅气质。在这里，你可以一边购物一边欣赏美景，体验那种悠然自得、充实乐观的生活方式。

地址：Jungfernstieg，Hamburg

2 Souvenir am Michael

Souvenir am Michael 位于圣米歇尔教堂附近，是当地一家非常受欢迎的商店。店里除了出售最常见的旅游纪念品外，还有圣保利足球队的纪念品等。

地址：Krayenkamp 13, 20459 Hamburg
网址：www.frauvogel.com
营业时间：周一至周日9:00 ~ 19:00
电话：040-371672

3 Neuer Wall

Neuer Wall 是汉堡首屈一指的名牌设计时装街，与市政厅仅有一桥之隔。在这里人们可以买到阿玛尼（Armani）、约普（Joop）和卡地亚（Cartier）等名贵的商品，是汉堡名副其实的奢侈品一条街。

地址：Neuer Wall, Hamburg

4 汉堡鱼市

汉堡鱼市（Sunday Market）可以说是最能感受汉堡生活气息的地方。鱼市位于易北河岸边，已经有 300 年左右的历史了。市场内到处摆满了新鲜的蔬菜、水果、海鲜，叫卖声不绝于耳。在这里，你可以在装满海鲜的渔船上购买鲜鱼，或者购买奶酪、香肠、水果、蔬菜、服装等商品。除此之外，如果在鱼市大厅里用早餐的话，你还可以欣赏到爵士乐、摇滚乐、乡村音乐或者西部音乐的演出。

地址：St. Pauli Fischmarkt 2，20359 Hamburg
营业时间：周日5:00 ~ 9:30（11月至3月为7:00 ~ 9:30）

在汉堡，怎么玩、玩什么是你不用担心的。这里一年到头都会有各种各样的节日狂欢，如汉堡港庆典、汉堡多姆民俗节、阿尔斯特娱乐节、国际夏日节等，都可以让你尽情体验节日的气氛。平日里的晚上，你也可以到汉堡的酒吧中坐一坐，体验一下汉堡人的夜生活。

汉堡的娱乐方式与其他地方不同，汉堡似乎与音乐有着很深的渊源，这里的人们在闲暇时更愿意去听一场音乐会或者歌剧。如果你也喜欢音乐，汉堡绝对会让你满意而归。

1 Skyline Bar20up

Skyline Bar20up是位于汉堡港附近的很受当地人欢迎的酒吧，常常人满为患。在这里你不仅可以品尝到美味的鸡尾酒，还能看到美丽的海港夜景。

地址：Bernhard-Nocht-Straße 97, 20359 Hamburg
电话：040-3111970470

2 Grosse Freiheit 36/Kaiserkeller

这是当地一个非常有名的音乐会场，经常会举办一些音乐会，从流行乐到摇滚乐都有，几乎每次都是不同的风格。据说著名的甲壳虫乐队也曾来到这里演出。

地址：Große Freiheit 36, 22767 Hamburg
网址：www.grossefreiheit36.de
电话：040-3177780

3 Schmidt Theater

Schmidt Theater是汉堡一家有名的歌舞剧剧院。在这里，你可以观看到古典的、现代的各种不同类型的歌舞剧。剧院内高级的室内设备将会带给你独特的视听盛宴。

地址：Spielbudenplatz 24, 20359 Hamburg
网址：www.tivoli.de
电话：040-31778899

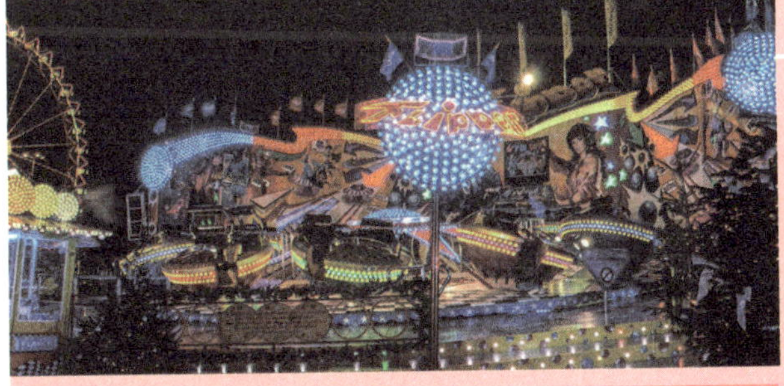

地址：Heiligengeistfeld，20359 Hamburg
交通：乘坐地铁3号线到Feldstraße或St. Pauli站下车即可到
网址：www.hamburg.de

4 汉堡游乐节

汉堡游乐节（Hamburger Dom）是汉堡最受欢迎的娱乐性节日，每年在4月、7月和11月举行。场地一般都会选择游乐场，是孩子和年轻人游乐的天堂。每次新搭建起来的魔鬼屋、海盗船、跳楼机、空中飞车等惊险游戏都像是一场惊险刺激的嘉年华。

汉堡住行攻略

在汉堡这样一个有名的旅游城市，无论是住宿还是出行都有多种类型供你选择。如果你选择住在市中心的话，可能住宿价格比较高，但是出行更方便一些。如果想要住得更实惠，可以在阿尔斯特湖周边找，这里的景色不错，住宿价格也相对较低，不过出行可能会没那么方便。

在汉堡，有多种住宿类型可以让你选择。如果经济条件允许，可选择位于市中心的豪华酒店或者商务型宾馆。它们大多位于汉堡市中心，去各大景点都非常方便。阿尔斯特湖湖畔有许多高级酒店和具有特色的精致旅馆，周围环境比较优美。如果你想要住得经济实惠一些，可以选择汉堡的一些青年旅舍，它们一般是市内最便宜的住宿地。

1 Radisson Blu Hotel

Radisson Blu Hotel 是距离汉堡机场附近的一家四星级酒店。酒店客房装修得色彩缤纷，所有的空调客房和套房都提供一台笔记本电脑保险箱和一台平面电视，客房内配有烧水壶，可以烧热水。酒店提供带有露台的意大利餐厅以及典雅的SPA。

地址：Flughafenstraße 1, 22335 Hamburg
参考价格：双人间200欧元起
电话：040-35020

2 Holiday Inn Express Hamburg – St. Pauli-Messe

这是一家位于汉堡市中心的三星级酒店，周围交通非常便利。酒店提供现代化客房，内有数字化的平面电视、免费的沏茶/咖啡设备和私人浴室。酒店各处均提供无线网络连接，早晨提供自助式早餐。

地址：Simon-von-Utrecht-Straße 39A, 20359 Hamburg
网址：www.ihg.com
参考价格：双人间100欧元起
电话：040-22636060

3 汉堡市膳食公寓酒店

汉堡市膳食公寓酒店（Prizeotel Hamburg-City）位于汉堡市中心位置，附近有各式各样的餐厅、酒吧以及咖啡馆。酒店提供配有免费无线网络的当代风格客房，每间客房均配有平面电视、空调、智能手机基座以及带吹风机的私人浴室。另外酒店可提供早餐，不过需要额外收费。

地址：Högerdamm 28, 20097 Hamburg
网址：www.prizeotel.com
参考价格：单人间80欧元左右，双人间90欧元左右
电话：0421-2222100

4 基本伊甸中央酒店

基本伊甸中央酒店（Eden by Centro Basic）位于汉堡火车站的对面，距离阿尔斯特湖只有 10 分钟的步行路程。酒店客房配备有免费无线网络连接、隔音窗户和卫星电视。大堂设有免费的电脑终端机，每天 6:00~10:00 供应早餐。

地址：Ellmenreichstraße 20, 20099 Hamburg
网址：www.centro-hotels.de
参考价格：单人间70欧元左右，双人间90欧元左右
电话：040-248480

汉堡其他住宿地推荐				
名称	地址	电话	网址	费用
Empire Riverside Hotel	Bernhard-Nocht-Straße 97, 20359 Hamburg	040-311190	www.empire-riverside.de	双人间160欧元起
Leonardo Airport Hotel Hamburg	Zeppelinstraße 12, 22335 Hamburg	040-5002220	www. leonardo-hotels.de	双人间100欧元起
Amedia Hotel Hamburg Moorfleet	Halskestraße 72, 22113 Hamburg	040-7896910	www. mediahotels.com	单人间80欧元起，双人间90欧元起
A&O Hotel Hamburg	Amsinckstraße 2-10, 20097 Hamburg	040-045600	www. aohostels.com	单人间60欧元起，双人间80欧元左右

汉堡市内的交通比较便捷，你可以选择 U-Bahn、S-Bahn、A-Bahn（commuter rail）、出租车、公交车、轮渡等交通工具出行，以上交通工具均由 Hamburger Verkehrsverbund（HVV）公司运营，该公司的地址是 Steinstrasse 12。乘坐这些交通工具，你可以通过驾驶员买票，也可以在站点或车站的自动售票机处购买。如果你计划全天四处游览，可购买一日通票，费用为 5.5 欧元，一天内可乘各种交通工具。如果想了解详细的交通运营情况，可拨打 040-19449。

公交车

汉堡公交车有慢车和快车之分。慢车通常在各大生活区和景点停靠，而且线路多曲折，绕路多；而快车要停的站相对较少，大多可以直接到达各大交通枢纽和景点。快车会比慢车的票价贵约 1.7 欧元。

轨道交通

汉堡市内的轨道交通有 4 种类型，它们分别是地铁（U-Bahn）、高架快速车（S—Bahn）、快速连接火车（AKN—Anschlussbahn）和地区火车（R—Regionalbahn）。其中，地铁主要集中在大汉堡区，班次多，车站间隔短，U3 线是汉堡中心区的环线；高架快速车经过汉堡的主要的景点，部分线路还能连接汉堡周边城市，线路长，班次少，每站间隔路程长；快速连接火车则连接了城市与郊区。目前，汉堡有 3 条地铁线，6 条城内快速高架列车线路，3 条城郊快速连接火车线路和 9 条地区火车线路。

出租车

在汉堡旅游，老城区内的景点和购物中心都相对比较集中，一般不需要打出租车。不过如果想去较远的机场、火车站或者行李比较多时，可以选择搭乘出租车。出租车的起步价为 2.8 欧元，10 千米以内每千米 1.83 欧元。你可以通过以下两个出租车运营公司，提前预约出租车出行。

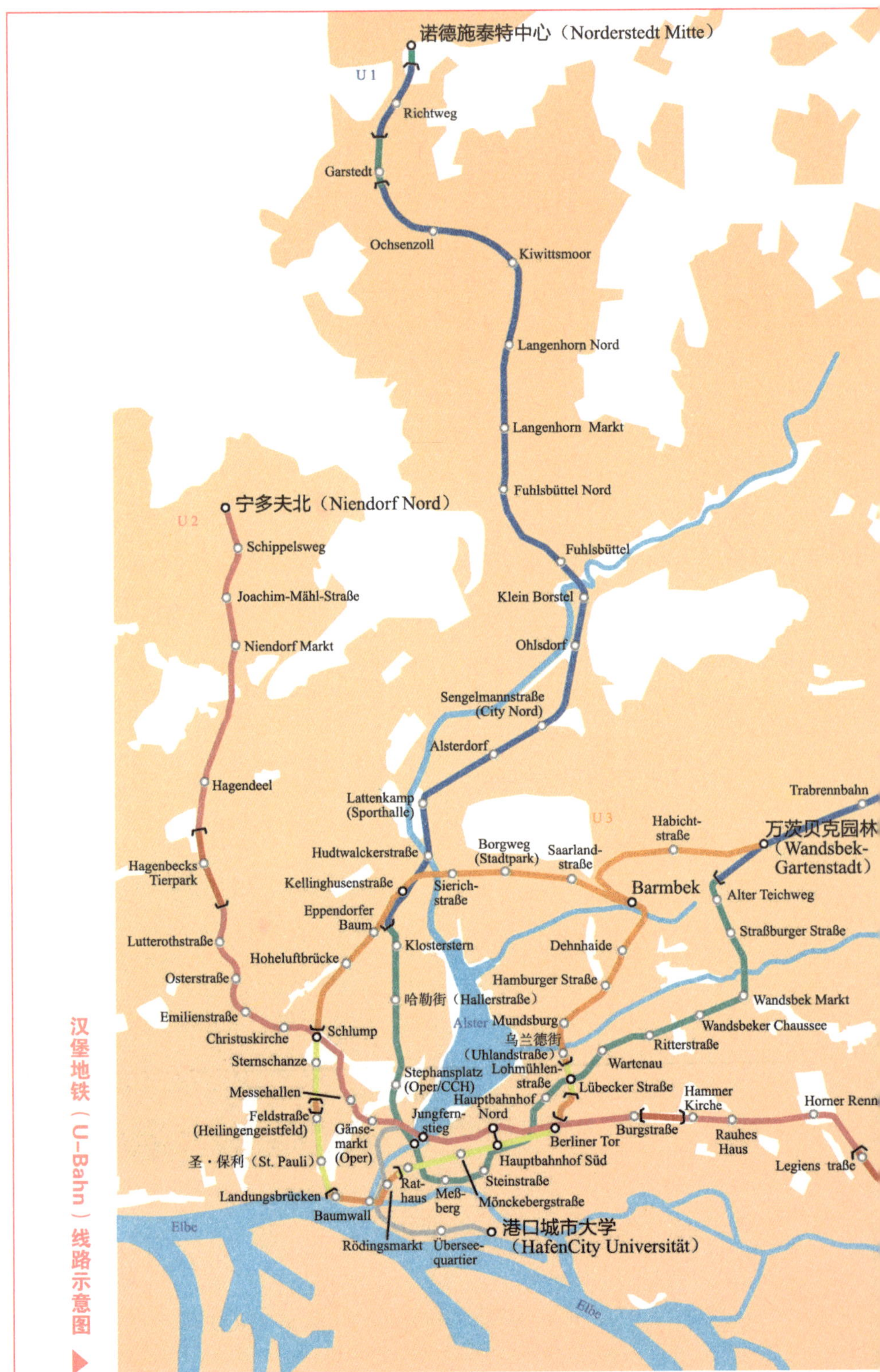

汉堡地铁（U-Bahn）线路示意图

U 1
Ohlstedt
Hoisbüttel
Buckhorn
Volksdorf
Buchenkamp
Ahrensburg West
Ahrensburg Ost
Schmlenbeck
Großhansdorf
Kiekut
Meiendorfer Weg
Berne
Farmsen
Steinfurther Allee
Merkenstraße
U 2
Mümmelmannsberg

汉堡部分出租车公司信息		
名称	电话	网址
Taxiruf	040-441011	www.autoruf.de
Taxi Hamburg	040-666666	www.taxihamburg.de

其他旅游专线

汉堡是德国热门的港口旅游城市，为突出这一特色，汉堡市区及港口地区有许多观光旅游专线运行，其中多为渡轮旅游。

汉堡轮渡旅游专线信息				
旅游专线	耗时/费用	运营时间	班次	线路
阿尔斯特观光游（Alster Tour）	50分钟/9欧元	4～9月10:00～20:00	每半小时一趟	可游览阿尔斯特湖
阿尔斯特湖上巡航游	全程票价8.5欧元，每站票价1.3欧元	5～9月10:15～17:15	每小时从Jungfernstieg发一次船	可驶向阿尔斯特湖上9个码头，可在其中任意码头上下船
运河游（Canal Tour）	11欧元	根据季节调整	每天3～6趟，根据季节调整	沿途经过华丽的别墅和美丽的公园
船队漂流游（Fleet Tour）	2小时	4～10月	每天3趟	从Binnenalster到易北河与仓库城
黄昏游	2小时/15欧元	5～9月	每日20时出发	乘船欣赏从Jungfernstieg到Harvestehude之间的傍晚美景
双层观光车	12欧元（加港口巡游，另需7欧元）/1.5小时	始末班车时间：9:30～16:30，冬季11:00～15:00	根据季节调整	从中央车站的Kirchenalle出口处或码头栈桥（Landungsbrucke）出发开始游览

汉堡卡

如果你在汉堡出行比较频繁，可以考虑购买汉堡卡。汉堡卡在公交车和轨道交通都适用，还可免费参观 11 家博物馆，在港口或阿尔斯特湖乘船游览还有 30% 的折扣。一张个人全天票为 7.30 欧元，一张家庭（1 个大人加 3 个 15 岁以下的小孩）全天票价钱为 14 欧元；一张个人 3 天票的费用为 15 欧元，家庭票则为 23 欧元。汉堡卡可在一些旅馆、U-Bahn 车站以及旅游局买到。

从汉堡至汉诺威

汉诺威距离汉堡只有 150 千米左右，所以用不着乘坐飞机。如果乘坐较快的 ICE 高速列车只需要 1.5 小时左右便可到达，票价在 45 欧元左右。如果乘坐的 IC 列车，时间也差不多 1.5 小时，票价在 40 欧元左右。

到达汉诺威

汉诺威有着许多标签：德国北部的交通枢纽、工业发达的城市、博览会之都、名人的聚集地、绿化最好的城市……在这所有标签中，相信最吸引人的便是这里的绿化环境。汉诺威处于北德平原和中德山地的相交处，是一个嵌在森林中的城市，城市中遍布着数不清的公园和绿地，俨然是一个充满生机和活力的巨大公园。

城际快车（ICE）经过汉诺威时多停靠在汉诺威中央火车站（Hannover-Leinhausen Bahnhof），汉诺威中央车站位于汉诺威市区的西北方向。从这里到达汉诺威市中心最快捷的方式是乘坐轻轨S1、S2路线，或者你也可以到附近的公交车站乘车前往市区。

汉诺威1日行程

汉诺威的景点很多，一天的时间游玩可能稍显紧张，不过如果你安排合理的话，还是能够很好地感受汉诺威独有的魅力。

马斯湖→史普伦格尔博物馆→新市政厅→海恩豪森皇家花园

本次汉诺威游玩的主题是“大自然之旅”，因此这一天的行程主要安排了马斯湖和海恩豪森皇家花园 2 个重要的景点，中间顺便游览一下这里的博物馆和市政厅。

汉诺威第1天行程		
时间	目的地	行程安排
9:00～12:00	马斯湖	来到汉诺威的第一站就从风景秀美的马斯湖开始。在这里你可以在湖边小径上漫步，尽情呼吸早晨的新鲜空气，也可以泛舟湖上，欣赏湖中美丽的风景
12:00～14:00	Finca餐厅	从湖上归来，你可以在湖岸周边找一家餐厅解决午餐。Finca餐厅主要供应独具特色的西班牙风味美食，这里的烤肉很受欢迎
14:00～15:00	史普伦格尔博物馆	史普伦格尔博物馆靠近马斯湖北岸，这座博物馆中有着巨大的空间，里面主要展示了现代肖像、抽象和概念艺术作品，其中最吸引人的是毕加索和马克斯贝克曼的作品
15:00～16:00	新市政厅	从博物馆出来，你可以去不远处的新市政厅看看，那里有汉诺威的4个城市模型，分别展示了汉诺威在中世纪、1939 年、1945 年以及今天的情形。你还可以登上市政厅高高的圆顶，俯瞰整个城市的景色
16:00～18:00	海恩豪森皇家花园	下一个目的地是著名的海恩豪森皇家花园，这里有不计其数的花草树木，是汉诺威的“绿色明珠”。在这里，你可以去大花园欣赏这个欧洲最具代表性的巴洛克园林，或者去山顶花园观赏里面各种奇花异草……总之，这里可以让你跟大自然来个亲密接触
18:00～20:00	Jack the Ripper's London Tavern	在一天的“大自然之旅”即将结束时，又回到热闹的城市生活中来，时间还充足，那就前往市区Jack the Ripper's London Tavern酒吧品尝美味的啤酒

▲ 汉诺威1日行程路线示意图

马斯湖

马斯湖（Maschsee）是汉诺威著名的郊游地，是一座建于 20 世纪的人工湖，面积不大，周围的环境却非常优美。湖岸有安静的湖边小径，你可以在小径上漫步、骑单车，或是慢跑，你也可以乘坐荡舟湖心，感受大城市里难得的大自然气息。

旅游资讯

地址：Maschsee, Hannover

交通：乘 100 路公交车在 Sprengelmuseum/Maschsee 站下车可到

门票：渡轮全程成人 6 欧元，儿童 3 欧元；游泳沙滩成人 2.5 欧元，儿童 1.5 欧元

开放时间：游泳沙滩 5~8 月 9:30~19:30

旅友点赞

夏天是马斯湖最美丽的季节，这时湖岸两旁的树木开始茂盛起来，湖里的水也清澈透明。与城里的酷热相比，这里简直就是一个风景优美的避暑胜地。每年这里还会举办年一度的龙舟竞赛，届时马斯湖边挤满了人，欢呼庆祝，十分热闹。

逛完美丽的马斯湖时间差不多就到如果中午了，顺便找个地方解决午餐。马斯湖附近有一些餐厅，如果不喜欢，还可以走得远一些，到市区找个餐厅饱餐一顿。

1 Finca

Finca是位于马斯湖附近的一家餐厅，内部装修雅致，给人一种古朴自然的感觉。餐厅主要供应独具特色的西班牙风味美食，这里的烤肉很受欢迎，来此千万不可错过。

地址：Inge-Machts Weg 2 30169 Hannover
交通：马斯湖附近，步行可到
网址：www.tennis-finca.de
电话：0511-1319999

2 Brauhaus Ernst August

Brauhaus Ernst August位于市中心，是一家有着近30年历史的餐厅。餐厅主要提供德国传统美食以及地道的德国啤酒。餐厅气氛热烈而友好，外面设有露天座椅供顾客用餐。

地址：Schmiedestraße 13 30159 Hannover
交通：乘坐3、7、9、10路有轨电车在Markthalle/Landtag站下车步行即到
网址：www.brauhaus.net
电话：0511-365950

史普伦格尔博物馆

史普伦格尔博物馆（Sprengel Museum）靠近马斯湖北岸。这座博物馆中有着巨大的空间，里面主要展示了现代肖像、抽象和概念艺术作品，因此在世人心中有着极高的地位。在诸多优秀作品中最引人关注的是毕加索和马克斯·贝克曼(Max Beckmann)的作品。

旅游资讯

地址：Kurt Schwitters Platz,Hannover
交通：乘坐100路公交车至Sprengelmuseum/ Maschsee下车即达
网址：www.sprengel-museum.de
门票：成人12欧元，优惠价4欧元，12岁以下儿童免费
开放时间：周三至周日10:00～18:00，周二10:00～20:00
电话：0511-16843875

旅友点赞

史普伦格尔博物馆是由伯恩哈德·史普格尔博士的藏品逐步完善发展起来的，现已经把收藏范围扩大到施维特斯（Schwitter）和桑法勒（Saint Phalle）等当代艺术家的艺术作品，具有很高的艺术价值。

新市政厅

新市政厅（Neues Rathaus）是德国汉诺威市长办公室所在地，建于20世纪。新市政厅内的一个亮点是汉诺威的4个城市模型，分别展示了汉诺威在中世纪、1939年、1945年以及今天的情形。登上市政厅约100米高的圆顶，你还可以将整个汉诺威的景色尽收眼底。

旅友点赞

在市政厅你可以通过汉诺威的4个城市模型看到这座城市的变迁，也可以乘坐欧洲唯一一座倾斜上升的电梯到达高高的穹顶，尽情欣赏整座城市的美妙景色。

旅游资讯

地址：Trammplatz 2, 30159 Hannover

交通：乘1、2、4、5、6、8、11、16、18路有轨电车在Aegidientorplatz站下车步行即到

门票：乘坐电梯成人2.5欧元，优惠价2欧元

开放时间：4～11月周一至周五9:30～18:00；周六、周日10:00～18:00

电话：0511-1680

海恩豪森皇家花园

海恩豪森皇家花园（Herrenhäuser Gärten）被称为汉诺威的“绿色明珠”，这里有不计其数的花草树木，可以让你充分融入大自然。规模宏大的海恩豪森皇家花园由大花园（Großer Gärten）、山顶花园（Berggarten）、格奥尔格花园（Georgengarten）和威尔芬花园（Welfengarten）组成，各种重要园林艺术风格在这里发挥得淋漓尽致。其中，大花园是欧洲最具代表性的巴洛克园林，有“莱纳河畔的明珠”之称；山顶花园是汉诺威市最大的植物园，园中奇花异草众多；格奥尔格花园充满英式乡村风格，内有莱布尼茨纪念馆；威尔芬花园则构成了汉诺威大学的校园地基，里面还有一个与威尔芬王朝有关的博物馆。

旅游资讯

地址：Herrenhaeuser Gaerten,Herrenhaeuser Strasse 4,D-30419 Hannover

交通：乘 4、5 路有轨电车到 Herrenhäuser Gärten 站下车可到

网址：www.hannover.de

开放时间：9:00 至日落

电话：0511-16847576

旅友点赞

这个巨大的皇家花园里面到处都是高大的树木和茂盛的花草，来到这里仿佛走进了一个精致的绿色世界，非常漂亮。正因如此，这里受到了很多人的喜爱，除了来来往往的游客，你还能看到许多在此拍婚纱照的新人。

▲ 海恩豪森王宫花园景点分布示意图

在皇家花园充分亲近大自然之后，你可能会想要回到热闹的城市生活中来。傍晚时候回到市区，找一家小酒吧，感受一下独具汉诺威特色的夜生活。

Jack the Ripper's London Tavern

Jack the Ripper's London Tavern 是位于市中心的一家酒吧，怀旧的风格是酒吧的一大特色。在这里，你除了可以享用美味的葡萄酒和啤酒，还能吃到当地特色的美食。

地址：Georgstraße 26, 30159 Hannover

交通：乘坐1、2、3、4、11、16、18等路有轨电车在Kröpcke站下车即到

电话：0511-1695395

汉诺威市政厅

如果多待一天

在汉诺威这个美丽的城市只玩一天你可能觉得有些不尽兴，如果你有更多可以自由支配的时间，可以在这里多待一天。

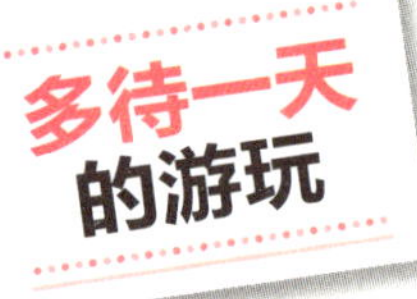

汉诺威的景点不少，一天的时间可能让你不得不放弃一些景点，但如果多了一天，可以去那些有趣的景点看看。

1 汉诺威展览中心

汉诺威展览中心（Messegel nde Hannover）被称为“世界上最大的展览中心”，室内展厅占地近 50 万平方米，还有 5.8 万平方米的露天场地。这里共有 27 座颇具特色的展馆，内含展品 2 万多件。另外，还有众多的会议室和大厅、全玻璃走廊以及弥漫着创造气息的绿地和休息区，向人们展现了一个充满艺术和文化气息的汉诺威。

地址：Deutsche Messe Messegelände,Hannover
交通：乘R10、R11、R30火车在Hannover Messe/Laatzen站下车步行即到

2 三教母像

三教母像（Die Nanas）是 3 座呈现荧光色彩的女性雕像，由法国艺术家法莱（Niki de Daint Phalle）创作。1974 年，当这 3 座圣母雕像首次放在这里的时候，遭到 2 万多市民抗议，不过现在三教母像已经成为汉诺威的地标之一。每到周六，这里还会有热闹的跳蚤市场。

地址：Flea Market, 30159 Hanover
交通：乘10、17路有轨电车在Clevertor站下车步行即到

3 克斯特纳博物馆

克斯特纳博物馆 (Kestner–Museum) 的藏品来自文物收藏家奥古斯德·克斯特纳侄子的捐献，其藏品主要是古埃及、希腊、罗马以及其他艺术文物。古埃及馆中展有科普特人使用的容器、护身符、雕刻品、珠宝以及木乃伊等，再现了公元前 4 世纪到尼罗河基督教早期这段历史；古代文明馆中则收藏有地中海和近东区域的古罗马和希腊文物。

地址：Trammplatz 3,30159 Hannover
交通：乘1、2、4、5、6、8、10、11路有轨电车到Aegidientorplatz站下车步行即到
开放时间：周二、周四至周日11:00 ~ 18:00；周三11:00 ~ 20:00

4 汉诺威体验动物园

汉诺威体验动物园（Erlebnis–Zoo Hannover）可以说是德国最引人入胜的动物园。这里有 7 个主题世界，如潜入加拿大荒野、探索北极熊世界、航行于赞比西河、步入印度丛林宫、探访神秘迷人的大猩猩山、漫步澳大利亚内陆以及做客下萨克森乡村农场。无论儿童还是成人，在这里你都能找到适合自己的游玩主题。

地址：Adenauerallee 3,Hannover
电话：0511–28074163

汉诺威不仅风光秀丽，美食也不会让你失望。在这里，你不仅可以品尝到当地的特色美食，还有来自世界各地的美味佳肴。马斯湖两岸聚集了曾受到著名专业餐饮杂志嘉奖的餐厅，你可以到这里来体验一把顶级的就餐享受。集市教堂后的老城区有很多家提供当地特色菜肴的餐馆，价格合理。如果喜欢口味浓郁的下萨克森风味美食的人不妨来这里品尝一番。

1 布罗依汉之家

布罗依汉之家（Broyhan Haus）是位于老城区一座高大教堂旁的大型餐厅，在当地很有名气。这里气氛友好温馨，让人有一种宾至如归的感觉。这里主要提供汉诺威当地特色佳肴以及类型多样的德国啤酒。

地址：Kramerstraße 24, 30159 Hannover
网址：www.broyhanhaus.de
电话：0511–323919

2 特罗皮尔诺餐厅

特罗皮尔诺餐厅（Tropeano）位于城市的边缘，周围环境比较优美。餐厅造型别致，内部装饰高贵典雅，主要提供意大利面、牛排、红酒等意大利传统美食。

地址：Prüßentrift 80, 30657 Hannover
网址：www.ristorante-lascala.de
电话：0511-6463534

3 Kytaro Der Grieche

Kytaro Der Grieche是一家希腊风味的餐厅，内部环境优雅，服务周到，如果你喜欢带有辣味的食物，这里绝对是你最好的选择。

地址：Wülferoder Straße 8, 30539 Hannover
网址：www.kytaro-der-grieche.de
电话：0511-525252

多待一天的购物

汉诺威的生活方式亲近自然，但并不意味着这里不够时尚。相反，这里的购物街、商场、集市等地足以让你逛一天。汉诺威市中心聚集了数目众多的购物中心、店铺和餐馆，可以满足你各种品位和消费层次的购物需求。如果想要体验传统的汉诺威购物方式，可以去集市大厅逛逛，那里有各种新鲜的蔬菜水果，附近每周六开放的跳蚤市场，更能让你感受到当地人浓浓的生活气息。

不过，在汉诺威购物需要注意，一般的生活用品在不同店里价格相差很多，如果想要购买平价生活用品的话，建议去“REAL”“PLUS”“LIDL”等实惠店铺购买。

1 奥尔格大街

奥尔格大街（Georgstraße）是当地很有名的一条购物街，街道两旁对应着各种各样富有特色的商铺和精品店，尤其以服饰和饰品最多，街上常年人来人往，络绎不绝。

地址：Georgstraße 8, 30159 Hannover
电话：0511-3680162

2 Peek&Cloppenburg

Peek&Cloppenburg是汉诺威一家非常有知名度的服装品牌店，有很多国际知名品牌的服饰出售，如果你想要了解国际时尚潮流，可以来这里。

地址：Karmarschstraße 19, 30159 Hannover
网址：www.peek-und-cloppenburg.de
电话：0511-54382700

3 集市大厅

集市大厅（Markthalle）是一个集购物和餐饮为一体的综合购物商圈，在这里你不仅可以买到当地最为新鲜便宜的蔬菜水果，还能找到来自世界各地的美食。

地址：Karmaschstr.49,Hannover
网址：www.markthalle-in-hannover.de
电话：0511-341410

4 跳蚤市场

在莱讷林荫道（Leinepromenade）上，每周六都会有跳蚤市场（Hoher Ufer）。这是当地人购买二手商品、旧物件和古董的好去处。如果你正好能够赶上，可以到这里来看看汉诺威人最平常的生活状态。

地址：Flea Market, 30159 Hanover
交通：乘坐10、17路有轨电车在Clevertor站下车步行即到
开放时间：周六7:00～16:00

对于充满时尚气息的汉诺威来说，颇具当地特色的娱乐活动是当地人生活必备的要素之一。在这里，你可以看到很多高档的酒吧、俱乐部以及气势磅礴的大型剧场。当地还有众多的特色节日，其中国际焰火竞赛上会有精彩纷呈的火焰表演，马斯湖夏日狂欢节上会有欢快的娱乐派对，如果你正好赶上节日期间来到这里，一定要参与其中，好好感受这座城市的热情。

1 GOP-Variete

GOP-Variete 是当地一家很有特色的剧场，每年前来观看演出的观众能够达到 10 万人次。这里经常上演国际高级综合文艺节目，节目每周都会更新。而且在观看节目的同时，你还可以享用剧场提供的美食。

地址：Georgstraße 36, 30159 Hannover
网址：www.variete.de
电话：0511-30186710

3 马什湖夏日狂欢节

马什湖夏日狂欢节（Maschseefest）是当地一年一度的特色狂欢节日，每年的 7 月 26 日 18:00，一场热闹的高跷游行活动拉开了狂欢序幕。届时，马斯湖周围的舞台上会演奏起各种风格的音乐，草地上设置起各种游乐设施供孩子们尽情玩耍，还有各种各样的美食让你大快朵颐。

地址：马斯湖周边
举办时间：7月26日至8月13日

2 汉诺威剧院

汉诺威剧院（Schauspielhaus）被称为是汉诺威地区最好的舞台之一。这座剧院中除了有剧场，还有戏剧博物馆、库姆博兰彻画廊（Cumberlandsche Galerie）以及酒吧。在这里你可以享受全面的休闲娱乐。

地址：Prinzenstraße 9, 30159 Hannover
网址：www.schauspielhannover.de
电话：0511-99991111

汉诺威住行攻略

汉诺威是个旅游业十分发达的城市，因此在这里出行非常方便。但是与其他旅游热门城市不同的是，这里的酒店、旅馆却没有那么多，主要受政府提倡的发展特有的民间私宅住宿产业的影响。淡季还好，如果你旅游旺季来到这里，一定记得提前预订酒店。

由于汉诺威的酒店、旅馆等住宿地相对有限，与德国其他城市相比，这里住宿的价格也会相应地高一些。如果住条件很好的豪华酒店，每晚房费可达200欧元，如果选择经济型的旅馆住宿，一晚的价格也会达到40～70欧元。而且在旅游旺季，即使提前预订，可能也没有那么多选择，要做好心理准备。如果你实在找不到酒店，可以请当地的旅游局帮你找市民出租的私人房间，但要收取3欧元左右的手续费。

1 汉诺威豪华宫殿酒店

汉诺威豪华宫殿酒店（Grand Palace Hotel Hannover）是当地一家四星级酒店，交通便利，步行3分钟可抵达汉诺威火车总站。酒店内提供免费网路连接、免费迷你吧饮品和免费擦鞋服务。客房内配备有空调、卫星电视和带浴袍及吹风机的浴室。酒店设有现代化的健身中心，还提供自行车出租，你可以租自行车游览城市及周边地区。

地址：Lavesstraße 77, 30159 Hannover
网址：www.grand-palace-hannover.de
参考价格：单人间130欧元左右，双人间160欧元左右
电话：0511-543600

2 汉诺威多梅洛酒店

汉诺威多梅洛酒店（Dormero Hotel Hannover）距离马斯湖有10分钟步行路程。客房提供2台平面电视、免费迷你吧饮料以及免费无线网络。酒店的温泉浴场内设有桑拿浴室、蒸汽浴室和带现代化健身器材的健身房，每天早晨提供自助早餐。

地址：Hildesheimer Straße 34-38, 30169 Hannover
网址：www.dormero-hotel-hannover.de
参考价格：双人间110欧元起
电话：0511-544200

汉诺威其他住宿地推荐

名称	地址	电话	网址	费用
Cityhotel Königstrasse	Königstraße 12, 30175 Hannover	0511-4102800	www.smartcityhotels.com	单人间70欧元起，双人间80欧元起
InterCityHotel Hannover	Rosenstraße 1, 30159 Hannover	0511-1699210	www.de.intercityhotel.om	单人间90欧元起，双人间100欧元起
VEK Business Hotel	Nikolaistraße 12, 30159 Hannover	0511-6557270	www.vek-businesshotel.de	单人间80欧元起，双人间110欧元起
Hotel Central Hannover	Seilwinderstraße 2, 30159 Hannover	0511-20308797	www.hotel-centralhannover.de	单人间45欧元左右，双人间60欧元左右

汉诺威市区内的景点比较集中，如果你只在市区游玩，可以选择健康环保的步行方式，或者可以租个自行车游玩。当然，如果你想要去郊区或者想要节省时间的话，汉诺威的交通还是很方便的，整个汉诺威地区，有 10 条城郊线和 6 条快速城郊线连接郊区与市区。市内交通更是有 10 多条地铁线以及超过 100 条的公交、有轨电车线路。

汉诺威红线

如果你不想去太远的地方，只想在市内玩一天，你可以沿着城中街道路面上的一条引导线——汉诺威红线 (Roter Faden Hannover) 一路慢慢观赏。这条长 4000 多米的红线是汉诺威的一大特色。沿着这条红线行走，你可以准确到达内城的 36 个景点。此外，在市内你可以买到袖珍的伴游小手册《汉诺威红线——您的私人专属城市向导》，它将为你介绍红线沿途所有重要的看点的信息。

地铁

地铁是汉诺威市主要的交通工具之一，汉诺威有 14 条地铁线路，几乎延伸到了城市的每个角落。市中心 Krö pcke 的地铁站共有 3 层，所有的地铁线路都在这里有停靠的站点。

公交车和有轨电车

穿行市区的公交车和有轨电车也相当方便，其中有轨电车多从从火车站南侧旅游局办事处附近出发。如果你只想在汉诺威的中心地区游玩，可以购买本区域的单程票或者一日通票，单程票价约为 2 欧元，一日通票价格约为 4 欧元。如果你想到多个地区游览，单程票价最高约为 3.5 欧元，一日通票价格约为 6.6 欧元。

出租车

如果你的行李较多，也可以选择搭乘出租车。在汉诺威，如果要预约出租车可以在当地拨打电话 8484、2143 或 3811 叫出租车。

自行车

在风景秀丽的汉诺威，你可以租一辆自行车环城骑行，欣赏沿途的风景。租辆自行车，可到汉诺威火车总站旁的 Fahrradstation am Bahnhof 租赁。

地址：Fernoroder Strasse 2 Hamnover

费用：每天约 7.5 欧元

营业时间：周一至周五 6:00~23:00，周六、周日 8:00~23:00

电话：0511-3539640

汉诺威市政厅

时间改变

去莱比锡玩1天

如果你的时间比较充足，想要在德国北部多待几天，你可以在汉诺威多安排一天，去参观一下那里的展览中心；如果你对音乐感兴趣，也可以去音乐城——莱比锡游玩一天。莱比锡坐落在莱比锡盆地中央，被歌德称为“小巴黎”。城中处处可见茂盛的菩提树，街道整洁，商业繁华，是世界闻名的博览会城、书城和音乐城。

托马斯教堂

这个创建于 13 世纪的托马斯教堂（Thomaskirche）的名气并不在于它的建筑特色或者它悠久的历史，而是因为西方现代音乐之父——巴赫（J.S.Bach）。巴赫在 1723~1750 年曾担任这里的管风琴师兼托马斯合唱团指挥，并创作了著名的《马太受难曲》等许多名曲，现在教堂的内部就是用当年托马斯合唱团的古乐器作装饰，巴赫墓就在教堂内的主祭坛前面。

旅友点赞

来到莱比锡，不得不到这里缅怀一下巴赫。如果你想更加详细地了解一下巴赫和这座教堂的渊源，教堂庭院里巴赫雕像旁的商店里可以找到有关巴赫和托马斯教堂的资料。如果没有团体参观，在周五的傍晚和周日的清晨，你还可以观看到托马斯唱诗班的合唱练习。

旅游资讯

地址：Thomaskirchhof 18 D-04109 Leipzig

交通：乘 89 路公交车到 Thomaskirche 站下车即达

开放时间：9:00 ~ 18:00

巴赫博物馆

巴赫博物馆(Bach-Museum)位于托马斯教堂对面，是巴赫生前好友博瑟家的住宅。博物馆中的展品主要有巴赫的手稿、乐谱、巴赫使用过的乐器和18世纪的家具等，集中展示了巴赫在莱比锡合唱班的工作和生活。

旅游资讯

地址：Bach-Museum Thomaskirchhof 15/16 D-04109 Leipzig

交通：乘89路公交车到Thomaskirche站下车即达

开放时间：10:00 ~ 17:00，导游讲解团每天10:00 ~ 16:00

电话：0341-9137202

旅友点赞

在博物馆的每个房间你都可以使用耳机或者其他收听设备收听巴赫的音乐。其大厅是一个电视录像室，在那里你可以观看关于巴赫生活和工作的电影。另外，馆中还有收藏着珍贵资料的巴赫档案馆（Bach-Archiv），可以详细了解巴赫在此期间的生活。

圣尼古拉教堂

圣尼古拉教堂（Nikolaikirche）最初建造于12世纪，是莱比锡市内最大、最古老的教堂。整个建筑呈罗马式和后期哥特式的建筑风格。它和托马斯教堂过去都曾是巴赫主要的工作场所，巴赫的许多重要曲目都是在这里首演的。

旅游资讯

地址：Nikolaikirchhof 3 Leipzig

交通：乘坐89路公交车到Nikolaikirchhof下车即达

开放时间：周一至周六 10:00~18:00

电话：0341-1245380

旅友点赞

圣尼古拉教堂内部装饰得非常华丽，天花板上的装饰充满了浓郁的异域风情，教堂内部椰树状巨柱的设计也令人印象深刻，圣殿里罗马式木质十字架是莱比锡最古老的艺术品，为教堂营造了一种庄严的氛围。另外，教堂里还有一架四人手动管风琴，非常巨大。

老市政厅

老市政厅 (Altes Rathaus) 建于 16 世纪中叶，是一座仅花了 9 个月时间就竣工的建筑，也是德国文艺复兴时期最漂亮的建筑物之一。现在的这座建筑已经作为莱比锡历史博物馆对外开放，它的宴会大厅是音乐会演出地和节庆活动的举办地。

旅游资讯

地址：Markt1 04109 Leipzig

交通：乘坐 89、N3 路公交车到 Haltestelle Markt 下车即达

开放时间：周二至周日 10:00 ~ 18:00

电话：0341-2306036

旅友点赞

除了参观老市政厅，你还可以去附近的广场转转。那里摊贩云集，很多市民在这里休闲购物。市场里的花市更是生机盎然，广场上还矗立着歌德的铜像。年轻时的歌德曾经在这座城市度过了他的大学时代。

莱比锡动物园

莱比锡动物园（Leipzig Zoological Garden）建于 19 世纪，是全球最古老的动物园之一，也是德国最好的动物园之一。动物园中分为非洲、亚洲、南美洲等几个特色的主题园区，在这里你可以看到世界上很多珍稀动物。其中有一个莱比锡热带雨林体验馆，里面生活了约 40 种热带动物和 500 多种热带植物，很值得一看。

旅游资讯

地址：Pfaffendorfer Straße 29, 04105 Leipzig

网址：www.zoo-leipzig.de

票价：12 欧元左右

开放时间：5 ~ 9 月 9:00 ~ 19:00，4 月和 10 月 9:00 ~ 18:00，11 月至次年 3 月 9:00 ~ 17:00

电话：0341-5933385

旅友点赞

这个动物园与普通动物园不同之处在于，在这里你不仅能看到老虎、狮子和猩猩等常见的动物，还能看到非洲、亚洲、南美洲的很多珍稀的动物。另外，馆内著名的莱比锡热带雨林体验馆就像没有经过人工打造一样，呈现出一派自然的热带风光。

去不来梅
玩1天

如果你的旅行时间比较紧，在德国只能安排 5 天或者更少的时间，你就需要对自己的线路进行重新规划。你可以将在柏林的时间缩短为 2 天，这样可以游览完市中心主要的景点。最后一天安排在距离汉堡较近的不来梅，这个因童话《不来梅的音乐家》而闻名的城市，这里各处都能看到四个“音乐家”的符号。

集市广场

集市广场（Marktstraße）是不来梅市中心最热闹的地方，也是景点最集中的广场，被认为是德国最美丽的地方之一。这里有哥特式的市政厅（Rathaus）、融入多种建筑风格的圣佩特利大教堂（St.Petri Dom）以及雄伟的罗兰特铜像（Roland）。

旅游资讯

地址：Marktstraße, 28195 Bremen

票价：免费

旅友点赞

集市广场上有许多优秀的建筑，其中市政厅本身就极具艺术价值，它的正立面是威悉河文艺复兴风格最杰出的代表，具有象征意义的砂石雕塑是中世纪时留下来的印记；登上圣佩特利大教堂的塔顶，可以眺望不来梅全景。

伯切尔大街

伯切尔大街（Böttcherstrasse）是不来梅最热闹的大街，这里有金色的入口，参差排列的红砖墙，非常漂亮，几乎可以和纽约的克莱斯勒大厦或伦敦的 Eltham 宫殿相媲美，是装饰派艺术风格的典范。

旅游资讯

地址：Böttcherstrasse Bremen

旅友点赞

伯切尔大街是不来梅老城的精髓，这条不宽的小街旁有各种各样古老的商店，售卖各种有意思的东西，非常值得一去！

128-185

Part 2 德国南部一周游

Part 2 德国南部一周游

德国南部印象

充满贵族气息的城市

在德国的慕尼黑、斯图加特和海德堡，你可以从慕尼黑宁芬堡宫、天鹅堡一路到斯图加特的宫殿花园以及海德堡的海德堡城堡游览。在这些昔日王侯贵族的宫殿、花园里，你就能深深地感受到这些城市残留的贵族气息。

汽车迷的天堂

如果你是一名汽车迷，那么一定不要错过这里。德国本来就是一个工业高度发达的国家，而在德国南部表现得尤为明显。在慕尼黑，你可以去参观宝马博物馆；到了斯图加特，有奔驰博物馆等你参观，如果你时间比较充裕，还可以去高端大气的保时捷博物馆看一看。

与酒有关的记忆

虽说整个德国都与酒有关，但是在南部地区这种关联似乎更加强烈。慕尼黑的人们品尝着地道的啤酒，准备着一年一度的慕尼黑啤酒节；海德堡的学生酒馆中挤满了前来畅饮啤酒的年轻面庞。这种景象，让人看过一次就再也不会忘记。

娴静的生活气息

如果不是亲自到过这里，你一定不会相信这个与啤酒息息相关、激情四射的区域竟有这般娴静的生活气息。走在城市的街头，你会看到人们慢慢喝着美味的咖啡，品着香醇的啤酒，尝着可口的美食，听着安静的音乐，仿佛连时间都慢了起来。

交通方式对比

路线	交通方式	优点	缺点	运行时间
慕尼黑—斯图加特	火车	方便快捷	需要提前购票，时间受限制	1小时
	飞机	快速	时间更受限，过程比较麻烦，票价较高	2.5小时
斯图加特—海德堡	火车	方便，有多种选择	需要提前购票，时间受限制	1小时
	长途汽车	购票方便、可欣赏风景	车次较少，花费时间	2小时

最佳季节

德国的南部偏大陆性气候，冬季从12月持续到第二年的3月，气温会在零下几度，其中至少会有两周积雪的时间。夏季这里会比较炎热，昼夜温差也比较大。春秋相对来说气候比较适宜，尤其是秋天，不仅景色优美，而且正值盛大的慕尼黑啤酒节开幕，整个区域都沉浸在节日的欢乐之中，因此秋天是前往德国南部旅游的最佳季节。

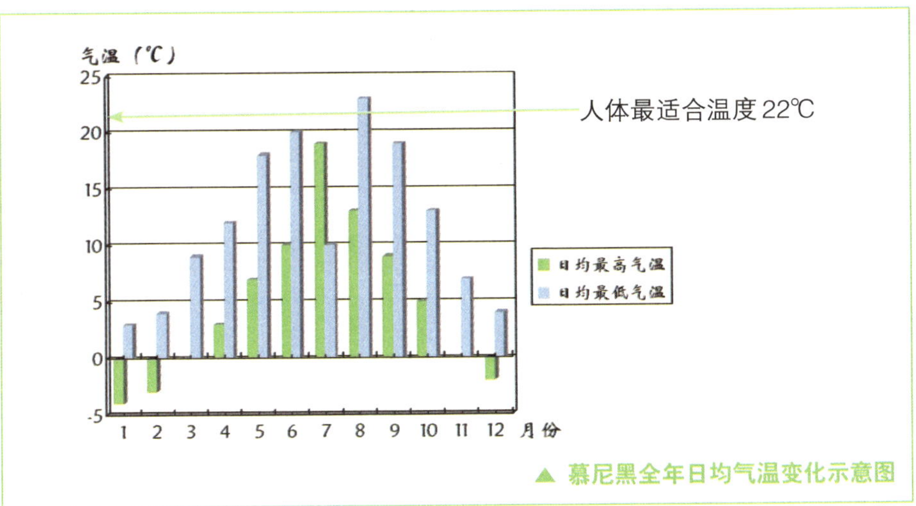

▲ 慕尼黑全年日均气温变化示意图

最佳季节可选衣物

德国南部地区冬季比较寒冷，如果选择冬季去的话要注意保暖，需要准备轻便的羽绒服和棉靴。夏季除了炎热，也会有较大的昼夜温差，因此除了要注意防晒、防暑之外，也需要备一件轻薄的外套。在旅游的最佳季节前往德国南部，可以准备一些轻便、透气的服装和舒适的鞋子，另外不要忘了带一件外套。

慕尼黑最佳季节可选衣物						
衣物种类	5月	6月	7月	8月	9月	10月
呢大衣	√	√	√	√	√	√
厚外套	√	—	—	—	—	√
单层套装	√	√	√	√	√	√
牛仔衫裤	√	√	√	√	√	√
T恤裙装	—	√	√	√	√	—
泳装墨镜	√	√	√	√	√	√

南部路线：慕尼黑—斯图加特—海德堡6天5夜游

6天6夜的南部路线			
旅游城市	日期	旅行日程	
慕尼黑	Day 1	上午	新市政厅→老市政厅
		下午	慕尼黑王宫→国王广场→皇家啤酒屋
	Day 2	上午	宁芬堡宫
		下午	奥林匹克公园→宝马世界→谷物广场
	Day3	上午	高天鹅堡
		下午	新天鹅堡
斯图加特	Day 4	上午	王宫广场
		下午	斯图加特州立绘画馆→宫殿花园→奔驰博物馆→豆城区
海德堡	Day 5	上午	俾斯麦广场
		下午	哲人之路→老桥→海德堡大学→学生监狱
	Day6	上午	圣灵大教堂
		下午	谷物广场→海德堡城堡→德国药房博物馆

到达慕尼黑

慕尼黑（Munich）是德国的第3大城市，从城中许多哥特式、古罗马式、巴洛克式古建筑，可以看出这是一座历史悠久的城市。或许是由于啤酒的原因，与严谨、保守的德国传统生活方式不同，这里有着活泼、欢快的生活节奏，尤其是一年一度的啤酒节更是让整个城市都沉浸在欢乐的气氛之中。

作为德国南部最为重要的城市之一，慕尼黑与中国有着方便的航空交通。中国国际航空、汉莎航空每天都有航班往返于中国与慕尼黑之间。

从中国飞往慕尼黑的航班

中国飞往慕尼黑的航班主要集中在北京、上海这两座城市，尤其是上海，每天会有 2 次航班飞往慕尼黑。如果在广州、深圳等其他城市想要前往慕尼黑，需要在北京、上海等地转机。

中国飞往慕尼黑的航班				
航空公司	航空公司电话	城市	单程所需时间	出航信息
中国国际航空 www.airchina.com.cn	中国客服电话 0086-95583 欧洲客服电话 00-80086100999 （仅供座机）	北京	直达用时约11小时	在首都国际机场每周二、三、五、六、日的1:45和14:00有飞往慕尼黑弗朗茨约瑟夫施特劳斯机场的航班
		广州	中转加等待时间约19小时	国航从广州出发到慕尼黑的航班要先从北京中转
		深圳	中转加等待时间约19小时	国航从深圳出发到慕尼黑的航班要先从北京中转
汉莎航空 www.lutthansa.com	中国客服电话 010-64688838 德国客服电话 021-53524999	北京	直达用时约11小时	在首都国际机场每周二、三、五、六、日的1:45和14:00有飞往慕尼黑弗朗茨·约瑟夫·施特劳斯机场T2的航班
		上海	直达用时约12小时	在浦东国际机场T2每天23:45有飞往慕尼黑弗朗茨约瑟夫施特劳斯机场的航班LH727
备注：以上数据整理于2016年5月				

慕尼黑的弗朗茨·约瑟夫·施特劳斯国际机场位于慕尼黑市区东北方向约30千米处。机场与市区之间的交通有3种方式可供选择。

从弗朗茨·约瑟夫·施特劳斯国际机场到慕尼黑市区的方式		
交通方式	时间/费用	交通情况
机场巴士	40分钟/单程10.50欧元；往返17欧元	发车时间为5:10～20:28；间隔20分钟一趟车。到火车总站附近的Arnulf Strasse街约需40分钟
轻轨S8号线	40分钟/9.20欧元	发车时间4:10至次日凌晨1:00；间隔20分钟一趟车。到火车总站约需40分钟
出租车	40分钟/60欧元	在机场附近可以搭乘出租车至老城区，从机场到中央车站约需40分钟

慕尼黑3日行程

慕尼黑是德国南部比较重要的城市，不仅城区内的景点很多，附近还有著名的童话城堡——新天鹅堡，因此在这里安排了3天时间进行游览。

新市政厅→老市政厅→慕尼黑王宫→国王广场→皇家啤酒屋

来到慕尼黑的第一天，先从城市的市中心逛起。有着新老市政厅的玛丽亚广场是今天的第一站；下午去参观满是珍宝的王宫和以博物馆闻名的国王广场；晚上再去大名鼎鼎的皇家啤酒屋品尝地道的慕尼黑啤酒。

慕尼黑第1天行程		
时间	目的地	行程安排
10:00 ~ 11:10	新市政厅	新市政厅在市中心玛丽亚广场北侧，你可以先参观这里精细入微的雕刻，等到11:00的时候看一场历时10分钟的木偶历史剧，非常有趣
11:10 ~ 12:00	老市政厅	老市政厅也在玛丽亚广场上，与新市政厅相比风格有所不同。这里最值得一游的是南塔楼的慕尼黑玩具博物馆，在这里还能让你想起美好的童年
12:00 ~ 14:00	Münchner Freihei餐厅	从老市政厅出来，可以在去往慕尼黑王宫的途中找一家餐厅吃饭。Münchner Freiheit是当地的一家连锁店，在这里你可以惬意地享用美味的咖啡、甜点以及当地特色美食
14:00 ~ 16:30	慕尼黑王宫	慕尼黑王宫曾是巴伐利亚统治者的官邸。王宫很大，内部的收藏品琳琅满目，你可以选择其中比较热门的如国王殿、老宫殿、珍宝馆等进行游览
16:30 ~ 19:00	国王广场	国王广场附近最受欢迎的是希腊博物馆、文物博物馆和冷巴赫艺术馆3，其藏品主要是古希腊和古罗马的艺术品以及一些画作，你可以选择自己感兴趣的游览
19:00 ~ 20:30	皇家啤酒屋	逛了一天的景点，这时候的你大概想找个地方好好玩一下吧？那就到皇家啤酒屋来吧。皇家啤酒屋曾是王室御用的啤酒酿造地，你可以在这里边品尝地道的慕尼黑啤酒边欣赏乐曲

Bob Beaman Music Club
DE约1.1千米，步行约18分钟
国王广场（Königsplatz）
Prinz-Ludwig-Straße
Türkenstraße
Schönfeldstraße
Brienner Straße
Galeriestraße
Odeonsplatz
Karlstraße
Max-Joseph-Straße
CD约0.4千米，步行约6分钟
王宫花园 Hofgarten
Residenz München
Münchner Freiheit餐厅
Alter Botanischer Garten
Barer Straße
Ottostraße
Sophienstraße
Maximiliansplatz
Rochusberg
Prannerstraße
慕尼黑王宫（München Residenz）
Lenbachplatz
Pacellistraße
BC约0.8千米，步行约12分钟
EF约1.5千米，步行约22分钟
Maxburgstraße
Maffeistraße
Perusastraße
Bayerische Staatsoper
Brenner
Maximilianstraße
Augustiner - Großgaststätten
Ettstraße
圣母教堂 Frauenkirche
皇家啤酒屋（Hofbräuhaus）
新市政厅（Neus Rathaus）
Neuhauser Straße
Frauenplatz
Platzl
Altheimer Eck
Damenstiftstraße
Färbergraben
Hofstatt
Sonnenstraße
老市政厅（Altes Rathaus）
AB约0.2千米，步行约2分钟

▲ 慕尼黑第1天行程路线示意图

新市政厅

新市政厅（Neus Rathaus）是一座建于19世纪的棕黑色哥特式建筑，坐落在市中心玛丽亚广场北侧。整个建筑布局恢宏，装饰华丽，它的正面雕刻有巴伐利亚国王以及寓言、传说中的英雄、圣人等雕像，细致入微。在市政厅高85米的地方有一个据说是全德国最大的木偶报时钟。这个钟在每天的11:00、12:00、17:00以及21:00会准时响起，到时候钟塔内会有真人大小的木偶演出历史剧，场景非常有趣。

旅游资讯

地址：Marienplatz 8 80331 München
交通：乘坐地铁在 Marienplatz 站下车即达
票价：约 1.5 欧元
开放时间：周一至周五 9:00 ~ 19:00；周六、周日及假期 10:00 ~ 19:00
电话：089-23300

旅友点赞

整个市政厅看起来非常华丽，其中最有趣的是它上面的那座木偶钟，每天11:00、12:00、17:00以及21:00整，这里就会上演关于16世纪时威廉五世婚礼的历史剧。届时塔阁里许多彩色木偶便会排队而出，配合音乐载歌载舞，惟妙惟肖再现当年大婚庆典的场景。

老市政厅

旅游资讯

地址：Marienplatz 15, 80331 München
交通：乘地铁在 Marienplatz 站下车即达
网址：www. muenchen.de
票价：玩具博物馆门票约 3 欧元
开放时间：玩具博物馆 10:00 ~ 17:30
电话：089-23396500

慕尼黑的老市政厅（Altes Rathaus）位于玛丽亚广场上，始建于 15 世纪，最初为哥特式风格。后来其在遭闪电击中和炮弹轰炸之后进行重建，重建后的老市政厅呈现一种更为朴素的风格。现在的老市政厅南塔楼为慕尼黑的玩具博物馆。

旅友点赞

老市政厅距离新市政厅不远，风格却大不一样。最吸引人的是里面的玩具博物馆，收藏了大量的玩具，包括泰迪熊和芭比娃娃等，在这里你能想起自己美好的童年。如果你带着小孩儿，更是一定要来这里看一看。

从老市政厅出来，大概也到了中午，应该找个地方吃午饭了。老市政厅周围吃饭的地方不多，在去往慕尼黑王宫的途中找一家餐厅解决午餐。

1 Münchner Freiheit

Münchner Freiheit 是当地的一家连锁店，其中在慕尼黑王宫附近就有一家。店里装修十分精致，你可以在这里惬意地享用美味的咖啡、甜点以及当地特色美食。

地址：Salvatorplatz 2，80333 München
交通：从慕尼黑王宫向西南步行约400米可到
网址：www.muenchner-freiheit.de
电话：089-292457

2 Brenner

Brenner 是一家提供地中海风味餐厅，除了幽雅的室内环境，餐厅还提供外部露台。这里的甜点、啤酒都非常诱人。

地址：Maximilianstraße15，80539 München
交通：乘19、N19路有轨电车在Nationaltheater站下车步行即到
网址：www.brennergrill.de
电话：089-4522880

慕尼黑王宫

慕尼黑王宫（München Residenz）位于市中心的马克斯—约瑟夫广场（Max-Joseph-Platz）上，曾经是巴伐利亚统治者的官邸。王宫很大，内部的收藏品琳琅满目，让人目不暇接。在数目众多的庭院和博物馆中比较热门的有国王殿（Königsbau）、老宫殿（Alte Residenz）、宴会厅（Festsaalbau）、老王宫剧院（Altes Residenztheater）和珍宝馆（Schatzkammer）等。

旅游资讯

地址：Residenzstraße 1, 80333 München
交通：乘轻轨 S1、S5、S6、S7、S8 路、地铁 U3、U6 路在 Marienplatz 站下车步行即到；或乘 100 路公交在 Odeonsplatz 站下车步行即到
网址：www.residenz-muenchen.de
票价：王宫博物馆票价 7 欧元；珍宝馆票价 7 欧元；联票 11 欧元；可结合慕尼黑卡使用
开放时间：王宫博物馆及珍宝馆 4 月 1 日至 10 月 19 日 9:00 ~ 18:00，10 月 20 日至次年 3 月 10:00 ~ 17:00
电话：089-290671

旅友点赞

单从慕尼黑王宫外观看，或许你想象不到王宫的内部是怎样的华丽。只有你走进去，看到那些令人眼花缭乱的珍宝、装饰才会体会到当时王朝的奢华。整个王宫特别大，如果你想要好好参观的话，大约需要3小时或者更长时间。

国王广场

国王广场（Königsplatz）是一座新古典主义风格的广场，建于 19 世纪。广场附近最受欢迎的是希腊博物馆、文物博物馆和冷巴赫艺术馆。其中，希腊博物馆里收藏了很多古希腊和古罗马的精美雕塑；文物博物馆里的收藏了许多小型的古希腊和古罗马艺术品；冷巴赫艺术馆曾是名画家冷巴赫的私人别墅，里面有许多美术作品。

旅游资讯

地址：Königsplatz 1 80333 München
交通：乘地铁 U2 线到 Konigsplatz 站下车即达

旅友点赞

国王广场上最有看点的是3座博物馆，其中最令人印象深刻的是文物博物馆，里面收藏了许多精致的花瓶、首饰、陶瓷和武器等，每件藏品都是极其精美，简直让人流连忘返。如果你夏天来到国王广场，可能会遇上露天演唱会。

逛了一天的景点，看过了太多五光十色的珍宝，这时候的你大概想找个地方好好玩一下吧？那就回到玛丽亚广场附近的皇家啤酒屋来吧。

皇家啤酒屋

皇家啤酒屋（Hofbräuhaus）建于16世纪，曾经是王室御用的啤酒酿造地，也是世界上最大的啤酒店。这里每天都有将近万升的啤酒运往各地的酒铺、酒馆、宴会厅以及啤酒园等。各种品牌的啤酒引来了大量的游客前来，据说这里每天都要招待约3万名的顾客。

地址：Platzl 9 80331 München
交通：乘坐132路公交车在Tal站下车步行即到
网址：www. hofbraeuhaus.de
电话：89-290136100

皇家啤酒屋在当地很有名气，很容易就可以找到。这里的三楼是宴会厅，非常宽敞，装饰也别具一格。在这里你能看到传统的巴伐利亚民族歌舞表演，乐队也会根据世界各国游客的要求，演奏各个国家的名曲。由于中国游客越来越多，现在《义勇军进行曲》已经成了这里每天的保留曲目。

宁芬堡宫→奥林匹克公园→宝马世界→谷物广场

在慕尼黑的第2天，可以将行程安排在距离市中心较远的郊外。这里有豪华的宁芬堡宫、巨大而美丽的奥林匹克公园以及令人兴奋的宝马世界，晚上再到热闹非凡的谷物广场逛一逛，相信这一天的行程会带给你不一样的旅行体验。

慕尼黑第2天行程		
时间	目的地	行程安排
10:00 ~ 12:00	宁芬堡宫	到了慕尼黑，不得不到宁芬堡宫，这是一个非常奢侈华丽的地方，是欧洲宫殿建筑的杰作。其中，有一个极具中国特色的中国之阁，相信你一定会非常感兴趣
12:00 ~ 13:30	Villa Dante餐厅	宁芬堡和奥林匹克公园都位于郊区，附近吃饭的地方不算多，不过途中也有几家餐厅。Villa Dante是一家提供意大利风味菜肴的餐厅，如果夏天来，你还可以在外面的花园里就餐
13:30 ~ 15:30	奥林匹克公园	奥林匹克公园宏大而美丽，你可以去观赏美丽而透明的“鱼网帐篷”；或者登上电视塔，俯瞰慕尼黑的整体风光；也可以参加足球之旅，参观VIP区和球员更衣室等
15:30 ~ 17:00	宝马世界	不管你是不是车迷，都必须来这里的宝马世界看看，里面展示着历年来所产的各类车辆样品，肯定让你大开眼界
17:00 ~ 20:00	谷物广场	一整天都在郊外旅行，傍晚时候你可以回到市区，到热闹的谷物广场尽享当地的美食和美味的啤酒

▲ 慕尼黑第2天行程路线示意图

宁芬堡宫

宁芬堡宫（Schloss Nymphenburg）曾是历代王侯的夏宫，能与俄罗斯的圣彼得堡的夏宫相媲美。整座宫殿坐西朝东，内部装饰豪华无比，其中收藏的艺术品也是美妙绝伦，算得上欧洲宫殿的杰作。

旅游资讯

地址：Schloss Nymphenburg 1,80638 München

交通：乘坐 17 路有轨电车在 SchlosssNymphenburg 站下车，沿着桥的河流方向走即达

网址：www.nymphenburg.com

票价：通票 10 欧元，包括宫殿正殿及几个偏殿，以及博物馆

开放时间：4 月 1 日至 10 月 15 日 9:00 ~ 18:00；10 月 16 日至次年 3 月 31 日 10:00 ~ 16:00

电话：089-179080

旅友点赞

宁芬堡宫是一个非常值得一游的地方。整个宫殿不仅内部装饰奢侈华丽，外部的景色也十分秀美，碧波绿树，令人心旷神怡。在宫殿的众多厅堂之中，有一个中国之阁非常惹人注目，里面全是纯中国式的装饰，精美的壁纸屏风上绘着龙凤、山水、花鸟、虫鱼，古色古香。

宁芬堡宫位于慕尼黑的郊区，而在前往奥林匹克公园的路上，这里分布着一些餐厅。从宁芬堡宫出来，不妨找家餐厅美餐一顿再前往奥林匹克公园游览。

1 Villa Dante

Villa Dante 位于奥林匹克公园附近，是一家提供意大利风味菜肴的餐厅，菜品有美味的比萨饼和葡萄美酒等。夏天，你还可以在外面的花园伴着美景就餐。

地址：Dantestraße 2280637 München
交通：乘151、164、164路公交车在Westfriedhof站下车步行即到
网址：www.villa-dante.de
电话：089-14346137

2 Taxisgarten

Taxisgarten 同样距离奥林匹克公园较近。如果你喜欢吃荤菜的话可以来这里，这里有排骨、鸡肉、椒盐卷饼等美食供应。

地址：Taxisstraße 1280637 München
交通：乘坐地铁U1、U7路线在Gern站下车步行即到
网址：www.taxisgarten.de
电话：089-156827

奥林匹克公园

奥林匹克公园（Olympiapark）曾是第 20 届夏季奥运会举办的场地，也是当地居民运动的最佳去处。整个公园建筑面积宏大，环境优美，一年四季绿草如茵。其中，最吸引人的是中心体育场的“鱼网帐篷”，它是世界上最大的屋顶，相当于 10 个足球场那样大。另外，你也可以乘电梯登上公园内的奥林匹克电视塔，电视塔中有观赏平台和旋转餐厅，站在观赏平台可俯瞰慕尼黑全城的风光。

旅友点赞

在奥林匹克公园，你有很多种游玩选择。你可以去观赏“鱼网帐篷”，它的屋顶是半透明的，非常漂亮；可以乘坐电梯登上电视塔，在观景台上俯瞰慕尼黑的整体风光，如果天气好，你甚至可以看到阿尔卑斯山脉的美丽景色；还可以参加历时一小时的足球之旅，参观奥林匹克体育场、VIP区和球员更衣室。

旅游资讯

地址：Spiridon-Louis-Ring 21，80809 München
交通：乘 36、41、81、84 等路公交车到 Olympiapark 站下车即可；或者乘坐地铁 U3 线到 Olympiazentrum 站下车即可
网址：www.olympiapark.de
票价：奥林匹克运动场 3 欧元；奥林匹克电视塔 5.5 欧元
开放时间：9:00 ~ 16:30，奥林匹克电视塔 9:00~24:00
电话：089-30670

宝马世界

宝马世界（BMW Welt）是一所集销售和体验为一体的汽车展示中心。整体建筑看起来是一个类似螺旋桨的银色扭曲钢结构，非常有特色，已经成为慕尼黑的一个时尚新坐标。宝马世界中有技术与设计工作室、画廊、青少年课堂、休闲酒吧等，还有远近闻名的宝马博物馆 (BMW Museum)，馆内陈列的宝马经典款式的摩托车和汽车达 300 多辆。

旅游资讯

地址：Am Olympiapark 1 80809 München
交通：乘 173 路或 N46 路公交到 Olympiazentrum 下车即到；或乘地铁 U3、U8 线到 Olympiazentrum 站下，向南走一段即到
票价：免费
开放时间：周二至周日 10:00 ~ 18:00，周一闭馆
电话：089-125016001

旅友点赞

不管你是不是车迷，都要来这里看看。其中最值得一看的就是宝马博物馆，环绕式的展厅中展示着历年来所产的各类宝马汽车、宝马摩托车、轻骑和一些特殊用途的车辆样品，并运用各种多媒体方式全面演绎宝马汽车公司的成长与发展史。

这一整天都在郊外旅行，傍晚时候你可以回到市区，找个热闹的酒吧尽情享受慕尼黑美味的啤酒和丰富多彩的夜生活。而到了冬天，附近的酒吧里挤满了当地人。当然，这里的消费也是不低的。

谷物广场

地址：Viktualienmarkt 3, 80331 München
交通：乘52、62路公交车在Viktualienmarkt站下车即到
网址：www. viktualienmarkt.de

谷物广场（Viktualienmarkt）是市中心比较热闹的商业中心。这里有着一流的食物和美酒，夏天这里是拥有最高人气的啤酒花园。

Day 3 高天鹅堡→新天鹅堡

人们到慕尼黑旅行，会有各种各样的缘由，有的为了美食，有的为了啤酒……其中，有一个理由肯定是为了天鹅堡。在慕尼黑的最后一天，就安排游览举世闻名的新天鹅堡和高天鹅堡。

慕尼黑第3天行程		
时间	目的地	行程安排
8:00～10:30	前往天鹅堡	从慕尼黑乘车到高天鹅堡大约需要2个小时，因此需要早起一会，赶个早班车前往天鹅堡
10:30～12:00	高天鹅堡	上午的时间比较短，因此将举世闻名的新天鹅堡安排在下午，上午先去附近的高天鹅堡。这座天鹅堡外表呈现明黄色，为新哥特式建筑风格
12:00～13:30	Schlossrestaurant Neuschwanstein 餐厅	天鹅堡地处郊外，附近只有一家餐厅即Schlossrestaurant Neuschwanstein，在这里你不仅可以享用当地美食，还能品尝到国际上比较常见的美食
13:30～17:00	新天鹅堡	吃过午饭之后就前往童话中的城堡——新天鹅堡。它是浪漫主义骑士城堡的代表作之一，有着庞大的规模，内有300多个房间，都装饰得十分华丽，并且充满艺术气息
17:00～19:00	返回慕尼黑	从天鹅堡回到慕尼黑大约需要2个小时，因此参观完新天鹅堡后还是需要尽快踏上回到慕尼黑的旅程

▲ 慕尼黑第3天行程路线示意图

高天鹅堡

高天鹅堡（Hohenschwangau Castle）又叫旧天鹅堡，路德维希二世就是在这里长大的。这座天鹅堡外表呈现明黄色，最初由12世纪的施万高骑士修建，后重建成新哥特式风格。

旅游资讯

地址：Alpseestraße 30, 87645 Schwangau

交通：在福森车站乘坐去往Hohenschwangau的公交车半小时可到

网址：www.neuschwanstein.de

开放时间：4月至10月7日8:00～17:00；10月8日至次年3月9:00～15:00

旅友点赞

高天鹅堡是路德维希二世的父亲马克西米连二世的城堡，虽然名气不如新天鹅堡，但同样值得一游。高天鹅堡海拔低于新天鹅堡，距离湖边更近，整体呈黄色，不如新天鹅堡那样张扬，更多的是有一种庄园风格。

高天鹅堡和新天鹅堡地处偏僻，周围没什么可以吃饭的地方。唯一一家餐厅在新天鹅堡附近。

Schlossrestaurant Neuschwanstein

Schlossrestaurant Neuschwanstein 是新天鹅堡附近的唯一一家餐厅，这家餐厅有200多个座位，夏季还会开放美丽的户外露台。餐厅不仅提供当地特色食品，还提供一些国际常见美食。

地址：Neuschwansteinstraße 17,87645 Schwangau

交通：乘73、78路公交车在Hohenschwangau或Alpseestraße站下车可到

网址：www. schlossrestaurant-neuschwanstein.de

营业时间：夏天9:00～18:00，冬天10:00～15:00

电话：08362-81110

新天鹅堡

新天鹅堡（Neuschwanstein Castle）建于19世纪晚期，是路德维希二世的行宫，也是浪漫主义骑士城堡的代表作之一。城堡有着庞大的规模，内有300多个房间，包括了国王座厅、国王卧室、起居室、更衣室、大演唱厅等，内部装饰得都十分华丽，并且充满艺术气息，就像一个童话中的城堡。

旅游资讯

地址：Neuschwansteinstrße. 20，Schwangau

交通：乘火车在Füssen站下车，然后转乘73、78路公交车在Hohenschwangau或Alpseestraße站下车可到

网址：www.neuschwanstein.de

票价：票价12欧元，与高天鹅堡的总票价为23欧元

开放时间：4月至10月15日9:00~18:00；10月16日至次年3月10:00~16:00；1月1日、12月24日、12月25日、12月31日、忏悔节全天不开放

电话：08362-930830

旅友点赞

新天鹅堡并非是"奢侈""华丽"这类词所能形容的，它是德国境内被拍照最多的建筑物，也是迪士尼城堡的原型，因此也有人叫它白雪公主城堡。在新天鹅堡的后山涧上有一座铁桥叫玛丽安桥，在那里你可以观赏到新天鹅堡的全景——无边的森林、漫山的绿野、平静的湖水、美丽的建筑……

Tips

在慕尼黑中央车站有快车（RE）发往福森，每2小时一班，往返票价约13欧元。如果没有直通列车，可乘坐去Kempten的区间快车，在Buchloe下车，然后换乘从奥格斯堡到福森的区间列车。

在福森火车站的站外广场转乘去Hohenschwangau的公交车，半小时车程即可到达天鹅堡景区，往返车票约4.2欧元。

到达景区之后，因新天鹅堡位于山上，你可以选择步行上山，用时约30分钟；也可以乘公交车上去，单程票价约1.8欧元，下山1欧元，往返2.6欧元，在新天鹅堡入口和玛丽安铁桥之间下车；如果乘坐马车，上山约为6欧元，下山3欧元。

新天鹅堡

参观完新天鹅堡之后，天色将晚，而且从这里到慕尼黑市区需要花费2个小时左右，所以最好尽快安排返回慕尼黑的行程。到慕尼黑市区，好好休息，为第二天的行程做好充分准备。

如果多待一天

慕尼黑的美景多得让人不愿离去，如果你的时间不那么紧张，有足够的时间可以自由支配，可以在这里多待一天。

对于慕尼黑这个热门旅游城市来说，即使3天的时间也不能玩透这里所有的景点，如果有机会多待一天，那就继续逛一逛那些没来得及去的景点吧。

1 英式花园

英式花园（Englischer Garten）是欧洲最大的城市公园之一，因为这里极少人工雕凿，顺应自然，与英国公园相似，所以称为“英式花园”。花园的北部主要是树林，人比较少，十分幽静。而南部则是大片的草地，因此要热闹许多。花园最南端是伊萨河（Isar River），河上有一处人造冲浪区，如果你喜欢冲浪，可以在这里尽享乐趣。

地址：Englischer Garten München
交通：乘U6到Universitat或Giselastrass站下车可到

2 特蕾西娅草坪

特蕾西娅草坪（Theresienwiese）面积广阔，有40多万平方米。草坪因为路德维希一世与妻子特蕾西娅在这里举行婚礼而得名。举世闻名的慕尼黑啤酒节就在这里举办的。空闲时间，这里则是热闹的跳蚤市场所在地。

地址：Theresienwiese, München
交通：乘地铁U4、U5线在Theresienwiese站下车即到

3 老彼得教堂

老彼得教堂（St. Peterskirche）位于市政厅附近，是慕尼黑内城中最为古老的教堂。早在12世纪中叶这里就已经建有教堂，几经重建后才形成了现在这种风格。来到这里，你可以爬上钟楼，俯瞰慕尼黑全城的景色。

地址：Rindermarkt 1, 80331 München
交通：乘坐地铁在Marienplatz站下即达
网址：www. erzbistum-muenchen.de
电话：089-210237760

4 德意志博物馆

德意志博物馆（Deutsches Museum）被誉为世界上最大的科技博物馆，总面积达5万平方米左右，共有40多个展室，内含15000多件展品。馆内展品大多与我们的生活息息相关，比如世界上第一部电话等，每一件展品都向人们展示了科技发展的进程。除了展品，这里还有大量可以让你亲自动手体验的设施，比如吹制玻璃和造纸等。

地址：Museumsinsel 1, 80538 M ü nchen
交通：乘坐轻轨到Isartor站下车，然后乘坐18路有轨电车在Deutsches Museum站下车可到
票价：成人11欧元，6~15岁青少年4欧元
开放时间：9:00 ~ 17:00

慕尼黑不仅因啤酒而闻名，这里也是美食的天下。在这座城市中的每个角落都能找到风味餐厅，其中最具当地特色的菜肴有烤得酥脆松软的猪肘子、白香肠、烤肉饼等。来到慕尼黑，你不仅能品尝到当地的特色，还有欧洲其他国家风味美食等着你去发掘。

1 Tantris

这是一家有着300年历史的巴伐利亚风味餐厅，位于玛丽亚广场旁边。这里拥有慕尼黑最顶尖的美食，曾被著名的高勒·米罗美食指南（Gault Millau）授予19分的高分。餐厅定位高端，菜品丰富，服务非常周到。

地址：Johann-Fichte-Straße 7, 80805 München
网址：www. tantris.de
电话：089-3619590

Schuhbecks in den Südtiroler Stuben

Schuhbecks in den Südtiroler Stuben 餐厅的菜式非常丰富，在这里你不仅可以享用到巴伐利亚当地的特色美食，还能品尝到其他国家的美食。

地址：Platzl 6, 80331 München
交通：从玛丽亚广场向东北方向步行5分钟即到
网址：www.schuhbeck.de
电话：089-2166900

Ratskeller

Ratskeller 是一家典型的巴伐利亚传统风味餐厅，以供应肉食为主。在这里，你能品尝到慕尼黑著名的烤猪肘子、白香肠、鸭腿以及面饼汤等美食。餐厅的小特色在菜单上很贴心地放了一些动物的照片或图片，你可以一眼就知道美食的主要材料。

地址：Marienplatz 8, 80331 München
网址：www.ratskeller.com
电话：089-2199890

慕尼黑作为德国南部的一个大型城市，城中云集了许多大型百货公司、名品专卖店、著名时装店、高档的珠宝首饰店以及特色小礼品店等，购物自然是十分方便的。其中，老城区主要售卖一些平价商品以及特色手工艺品和纪念品等，在这里购物花费不会太高。如果你想购买纪念品，值得推荐的有各种风格的啤酒杯、布谷鸟钟、麦森瓷器等。位于市中心的店铺相对来说比较高档，内部主要售卖时尚的高级时装、精美的工艺品等，虽然价格略显贵，但质量上乘，也是游客们常去的购物地带。

1 马克西米利安大街

马克西米利安大街（Maximilianstrabe）是慕尼黑一条高档奢华的购物街，可以说是慕尼黑豪华与魅力的典范。它从慕尼黑国家剧场一直延伸到老城环线，两旁全是鳞次栉比的高档时装店，在这里你可以看到GUCCI、Armani等国际品牌商品，有时间的话一定要来逛逛。

地址：Maximilianstrabe，München
交通：乘坐地铁U3线在Odeonsplatz站下车即达

2 布里恩纳大街

如果你想要购买纪念品的话，可以去王宫前的布里恩纳街（Brienner Str.）看看，那里有精美的瓷器、可爱的布谷鸟钟以及造型别致的啤酒杯等各式各样的当地特色商品。这些纪念品都十分精美，而且价格不高，值得购买。

地址：Brienner Straße München
交通：乘坐轻轨S1、S5、S6、S7、S8路线、地铁U3、U6路线在Marienplatz站下车步行即到，或乘坐100路公交在Odeonsplatz站下车步行即到

3 Karstadt Sports

Karstadt Sports是位于慕尼黑市中心的旅游纪念品商铺，这里的商品包罗万象，其中最吸引人的是拜仁慕尼黑和德国国家队球迷用品的专柜，如果喜欢慕尼黑1860，那千万不可错过这家球迷用品店。

地址：Neuhauser Str. 20，80331 M ü nchen
网址：www.karstadtsports.de
营业时间：周一至周六10:00～20:00
电话：089-290230

4 Alois Dallmayr

Alois Dallmayr是一家历史悠久的店铺，据说在18世纪时它就是皇室御用的店铺。这里商品云集，从高档商品到日用百货一应俱全。

地址：Dienerstraße 14, 80331 M ü nchen
网址：www.dallmayr.de
营业时间：9:30～19:00
电话：089-21350

5 Seb Wesely

这是一家玛丽亚广场旁边的小店，面积不大，却常常爆满。店里主要出售木雕天使像，这些雕像形态各异，气质不凡，受到很多游客的喜爱。

地址：Rindermarkt 1, 80331 München
网址：www.wesely-schnitzereien.de
营业时间：9:00～18:30
电话：089-264519

作为一个以啤酒闻名于世的城市，它的娱乐活动自然也是丰富多彩。城中遍布酒吧、电影院、音乐厅、乐团、歌剧院以及俱乐部等，你可以选择适合自己的娱乐方式。如果你能赶上一年一度的慕尼黑歌剧节或者啤酒节，你更能感受到这个城市的独特与热情。

1 慕尼黑啤酒节

慕尼黑啤酒节是慕尼黑最为重要的节日之一，每年的9月末，为期两周的啤酒节便伴随着礼炮和音乐开幕了。到时候，各大啤酒厂会搭起各具特色的帐篷，演奏起欢乐音乐，摆上美味的啤酒和特色的美食，以吸引游人。游乐场里也会提供许多娱乐项目，如马戏表演、魔术等，整个城市都陷入一种狂欢的气氛之中。

地址：特蕾西娅草坪上
时间：9月末至10月初

2 慕尼黑歌剧节

慕尼黑歌剧节（Münchener Opern-Festspiele）是当地一个有着悠久历史的节日。每年的6、7月间，慕尼黑便会成为歌剧的海洋，此时不仅上演许多传统经典剧目，也会有一些新创剧目上演，其中有的是首次演出的作品。

时间：6、7月间

3 Kult-Fabrik

Kult-Fabrik是集酒吧和俱乐部于一体的娱乐好去处。在这里，你可以一边畅饮慕尼黑啤酒，一边欣赏各种动感的舞曲。

地址：Grafingerstrasse 6，München
电话：089-49949170

慕尼黑住行攻略

慕尼黑作为德国南部的主要城市之一，每年会有大量的游客到这里来，因此在慕尼黑不管是住宿还是出行都是比较方便的。

在慕尼黑住宿

在慕尼黑住宿，有各种各样的住宿地供你选择，如果你想要住高级而又典雅的酒店，可以到老城区看看；如果想要住得实惠而又舒适，可以去距离市中心稍远的郊区找找；如果对住宿条件要求不高，可以到中央火车站附近看一下，这里聚集着许多青年旅舍。慕尼黑的住宿相对其他消费来说比较高，一般来说，如果选择高档奢华酒店一晚的费用会在200欧元左右，中档酒店的价格在100欧元左右，经济旅馆在50欧元以上。尤其是慕尼黑啤酒节期间，多数的房价可能都会上涨，而且空房也非常难找，如果在此期间前来，一定记得提前预订。

肯尼格索夫酒店

肯尼格索夫酒店（Hotel Königshof）是坐落在 Karlsplatz 广场上的一家 5 星级酒店。酒店客房提供免费无线网络、休息区、电视等。另外，你可以一边在 Königshof 餐厅品尝美食，一边欣赏优美的城市景色，也可以在 SPA 水疗中心预订按摩服务，那里还设有桑拿浴室、热水浴池和土耳其蒸气浴室。

地址：Karlsplatz 25，München
网址：www.koenigshof-hotel.de
参考价格：双人间220欧元起
电话：089-551360

2 欧洲之星大中心酒店

欧洲之星大中心酒店（Eurostars Grand Central）距离慕尼黑中央车站非常近，酒店提供桑拿浴室、蒸汽浴室以及健身房。客房中有免费无线网络、空调、平面电视和书桌。餐厅内提供地中海风味的特色美食。

地址：Arnulfstraße 35，München
网址：www. eurostarsgrandcentral.com
参考价格：双人间110欧元起
电话：089-5165740

慕尼黑艺术酒店

慕尼黑艺术酒店（Arthotel munich）距离慕尼黑中央火车站有 5 分钟步行路程，酒店提供隔音客房、免费无线网络连接和每日自助早餐，客房中有迷你吧、有线电视以及带吹风机的私人浴室。最值得注意的是这家酒店是禁烟的。

地址：Paul-Heyse-Straße 10, 80336 München,
网址：www.arthotelmunich.com
参考价格：单人间90欧元左右，双人间105欧元起
电话：089-592122

慕尼黑其他住宿地推荐				
名称	地址	电话	网址	费用
Eden Hotel Wolff	Arnulfstraße 4，ünchen	089-551150	www. ehw.de	双人间115欧元起
Hotel Bavaria	Gollierstraße 9，ünchen	089-5080790	www.hotel-bavaria.com	双人间105欧元起
Creatif Hotel Elephant	Lämmerstraße 6, ünchen	089-555785	www. creatif-hotel-elephant. com	单人间约75欧元 双人间约85欧元
A&O München, Hamptbahnhof	Bayerstraße 75, ünchen	089-45235700	www. aohostels. com	床位12～14欧元 双人间约50欧元
Wombat's	Senefelderstraße1, München	089-59989180	www.wombats-hostels.com	床位12～24欧元 双人间约70欧元

慕尼黑有着非常发达的公共交通系统，在慕尼黑出行，你可以选择地铁、轻轨、公交车或者有轨电车。当然，你也可以乘坐出租车。总之，慕尼黑的公交系统完善，遍布城市的各个角落。

慕尼黑城市卡

慕尼黑的地铁、轻轨、公交车和有轨电车共用一个票务系统，因此车票是通用的，如果购买市区内单程票（只能同向搭乘一次），费用为成人票约 2 欧元，儿童票约 0.9 欧元，短途的话成人票是 1 欧元。另外，你也可以购买慕尼黑城市卡，持这种卡，可以在有效期内任意乘坐以上交通工具。凭此卡还可以在参观 35 座博物馆、景点或乘坐城市观光车、观光船时获得优惠，优惠最多时可达 50%。

慕尼黑城市卡分为单人票和团体票（最多 5 人），每种都有日票（到次日 6:00 有效）和 3 日票之分。其中 1 日单人票约 6.5 欧元，1 日团体票约 11 欧元；3 日单人票约 16 欧元，3 日团体票约 23.5 欧元。这种卡在火车总站和玛丽亚广场上的旅游信息处及所有贴着迎宾卡标签的地方都能买到。如果想了解详细信息可访问慕尼黑公共交通网（www.mvv-muenchen.de/en/index）。

慕尼黑各交通方式概况

如果你选择乘公共交通工具出行，需要了解各种交通工具的详细情况，你可以参照以下表格。

慕尼黑各交通方式概况	
名称	概况
地铁	慕尼黑的地铁南北纵贯于市中心，从市区南面的Harras站到北面的Munchener Freiheit站，有U3和U6两条线，其中U3线通往奥林匹克会场，U6线通往Kieferngarten。这里地铁站的标志为蓝色背景下的白色大写字母“U”，地铁运行时间为4:00至次日1:00，一般来说每10分钟一班，在上下班时段会增加到每5分钟一班
出租车	慕尼黑的出租车有米黄色的车身和黄黑两色的车顶标志，比较容易辨认。你可以在出租车停靠点等车或者打电话预订（需要另外付费）。出租车起步价在3欧元左右，超过基本距离的5千米以内每千米收取1.6欧元，5千米至10千米每千米收取1.4欧元，10千米以上每千米为22.5欧元。携带宠物或者行李需要另外收费
公交车	慕尼黑的公交车比较方便，但在乘坐时有一些注意事项，比如一般公交车早晨运行时间约为5:00，末班车为18:00至次日凌晨1:00不等，一些Stadtbus线路仅在工作日运营，这就需要你多注意站牌上的时刻表。还有，这里的公交车不是按照固定的站点停车，下车的时你要在到站前按下“Stop”按钮
轻轨	慕尼黑的轻轨（S-Bahn）约20分钟一班，可以延伸到城市附近的很多景点。车站的标志是绿色背景和一个白色的“S”
有轨电车	有轨电车的站与站之间的距离比较近，运行时间也比较短。大多数干线会10分钟左右一班，到晚上或周末时会20分钟左右一班，普通有轨电车一般运行到20:00、21:00，有一些会运行到凌晨1:00

从慕尼黑至斯图加特

慕尼黑距离斯图加特约220千米，你可以选择乘坐飞机或者火车前往斯图加特。

乘坐飞机

从弗朗茨·约瑟夫·施特劳斯国际机场每天都有几趟航班前往斯图加特机场。汉莎航空公司每天就有早中晚 3 趟航班从慕尼黑机场到斯图加特，因此是比较方便的。从慕尼黑到达斯图加特用时为 50 分钟左右，票价为 60 欧元左右。

乘坐火车

由于二者相距不远，你也可以选择乘坐火车前往斯图加特。城间高速（ICE）是最快和最舒适的交通工具，从慕尼黑中央火车站（München Hauptbahnhof）到达斯图加特中央车站用时约 2.5 小时，车票约 55 欧元。

到达斯图加特

斯图加特（Stuttgart）位于德国西南部，是德国西南部巴登-符腾堡州的首府，也是德国最知名的城市之一。斯图加特还是世界著名的汽车城，奔驰汽车公司的总部就在这里。这里名胜众多，风光旖旎，与其他大城市相比多了几分悠闲。

从机场到市区

到达斯图加特机场后，你可以从机场 1 号登机口乘市郊火车至斯图加特中央车站。火车平均每 20 分钟一班，单程需 30 分钟左右，费用为 3 欧元；如果乘出租车至市内则需花费 30 欧元左右。在机场 2 号登机厅的地下有地铁站，你也可以在这里搭乘地铁到达市中心，用时大概 25 分钟。

从中央车站到市区

斯图加特中央车站（Hauptbahnhof Stuttgart Nordeingang）就位于市中心附近，到达之后你可以步行前往市区，用时约 10 分钟。

斯图加特1日行程

斯图加特是个环境优美的小城市，除了奔驰博物馆，其余主要的景点都在市区，因此在斯图加特安排了一天的行程。

王宫广场→斯图加特州立绘画馆→宫殿花园→奔驰博物馆→豆城区

整个斯图加特的生活节奏都不是太快，所以在这里的一天，你可以悠闲地在城中游玩一番，下午的时候再去距离市中心较远的奔驰博物馆。

斯图加特1日行程		
时间	目的地	行程安排
10:00～12:00	王宫广场	王宫广场是斯图加特的中心广场，这里有着许多雄伟的建筑，你可以逛逛这里精致华丽的新王宫和老王宫，或者坐在街边的咖啡厅里看广场上的美丽景致
12:00～14:00	Grand Café Planie咖啡厅	王宫广场附近有许多餐厅，而且这些餐厅各具特色。Grand Café Planie是广场附近一家优雅别致的咖啡厅，你可以在这里享用应季美食和可口的甜点
14:00～15:00	斯图加特州立绘画馆	斯图加特州立绘画馆是一座色彩斑斓的现代建筑。馆内所收藏的是以德国表现主义作品为主的近现代绘画作品，尤其以印象派和立体派的作品居多
15:00～16:00	宫殿花园	在市中心逛了半天的你，如果有些累了，可以到宫殿花园歇歇脚，公园里的景色十分优美，漫步其中，放松身心
16:00～18:00	奔驰博物馆	奔驰博物馆距离市中心较远，位于内卡河右岸，里面收藏了奔驰公司从创立到现在的许多有代表性的车型，你可以根据自己的喜好进行参观
18:00～19:00	豆城区	参观完奔驰博物馆，就到了傍晚，这时候你可以回到市中心的豆城区，这里有风格各异的小酒馆、餐馆以及鳞次栉比的店铺，十分适合晚上闲逛

DE约6.5千米，乘车约12分钟
Rosensteinpark
SEELBERG
Deckerstraße
Unterer Schloßgarten
Neckar
L1100
Uferstraße
VEIELBRUNNEN
Heilbronner Straße
Rosensteinstraße
AM PRAGFRIEDHOF
BERG
Benzstraße
STÖCKACH
Am Neckartor
梅赛德斯-奔驰竞技场
Mercedes-Benz Arena
EUROPAVIERTEL
Hackstraße
奔驰博物馆(Mercedes-Benz Museum)
CD约0.8千米，步行约11分钟
宫殿花园(Palace Gardens)
斯图加特州立绘画馆(Staatsgalerie Stuttgart)
AB约0.4千米，步行约6分钟
STUTTGART OST
BC约0.7千米，步行约10分钟
Ulmer Straße
Grand Café Planie 咖啡厅
王宫广场(Schloßplatz)
EF约6.5千米，乘车约12分钟
RATHAUS
L1016
豆城区(Bohnenviertel)
Waldebene Ost

▲ 斯图加特1日行程路线示意图

王宫广场

王宫广场（Schloßplatz）位于斯图加特的市中心，广场周围被许多著名建筑所围绕，东面是有着浓郁的巴洛克式风格的新王宫，西面是雄伟的国王官邸，南面则是颇具特色的老王宫。这个开阔的广场上还有喷泉、绿树以及标志性的纪念柱等，是深受当地人们喜爱的休闲场所。

旅游资讯

地址：Schloßplatz, 70173 Stuttgart
交通：从斯图加特中央车站向南步行即达
网址：www.stuttgart.de
票价：免费

旅友点赞

来到斯图加特，王宫广场是不得不到的地方。在这里有着许多雄伟的建筑，你可以逛逛这里精致华丽的新王宫和老王宫。广场周围还有许多美食，你可以坐在街边的咖啡厅里享受静谧时光。到了周末的时候，这里比平常要热闹几倍，这时你也可以过来体验一下当地人的生活。

王宫广场附近有许多餐厅，而且这些餐厅各具特色，不管你喜欢什么样的口味，都不需要走太远就能找到提供美食的餐厅。

Grand Café Planie

Grand Café Planie 在王宫广场不远处，是一家环境优雅别致的咖啡厅。在这里，你可以享用应季美食和可口的甜点，餐厅外有视野开阔的露台，你可以选择在那里就餐。

地址：Charlottenstraße 17,70173 Stuttgart
交通：从老皇宫向东南方向步行约300米即到
网址：www.grandcafep-lanie. de
电话：0711-292553

2 AMADEUS Restaurant & Bar

这里既是一家餐厅也是一个酒吧，环境优美。如果你想在这里吃午餐，可以享用美味的自助餐，有沙拉、奶酪、面包和开胃菜等供你选择；如果你的时间比较紧，你也可以选择经济实惠的快餐。

地址：Charlottenstraße 1770173 Stuttgart
交通：从老皇宫向东南方向步行约400米即到
网址：www.amadeus-stuttgart.de
电话：0711-292678

斯图加特州立绘画馆

斯图加特州立绘画馆（Staatsgalerie Stuttgart）又称国立美术馆，是一座色彩斑斓的现代建筑。馆内所收藏的是以德国表现主义作品为中心的近现代绘画作品，尤其是印象派和立体派的作品居多。馆内除了有出生在这个镇的画家奥斯卡·施雷玛和包豪斯等人的作品之外，还包含了德国表现派各大家的作品，收藏范围非常广泛。

旅游资讯

地址：Konrad-Adenauer-Straße 30-32, D-70173 Stuttgart
交通：乘 40 路公交车在 Staatsgalerie 站下车步行可到
网址：www.staatsgalerie.de
票价：约 4.5 欧元　电话：0711-470400

旅友点赞

如果你喜欢印象派作品，那么一定要来这里，这里的画作让人目不暇接。馆中最吸引人的是Duane Hanson的蜡像作品*Putzfrau*、毕加索的*Liegende auf einem Sofa*以及蒙特里安的构成主义作品等。如果你逛累了，还可以在弧形的条形座椅上休息一下。

宫殿花园

宫殿花园是个面积巨大的花园，分为上园（Unterer schlossgarten）、中园（Mittlerer schlossgarten）和下园（Oberer schlossgarten）三部分。其中，中园距离斯图加特的中央车站比较近，交通很方便，里面除了茂密的花草，还有蜿蜒的小径、美丽的喷泉，很适合散步。

旅游资讯

地址：Mittlerer Schloßgarten 70173 Stuttgart

交通：乘坐 S1、S5 路有轨电车在 Stuttgart Hbf 站下车步行即到

票价：免费

旅友点赞

宫殿花园是个十分漂亮的园子，占地面积非常大，里面的景色也是十分优美，漫步其中，你可以让自己的身心得到放松，如果你在市中心逛累了可以来这里歇歇脚。

奔驰博物馆

奔驰博物馆（Mercedes-Benz Museum）位于内卡河右岸，是一座未来派建筑。博物馆中收藏了奔驰公司从创立到现在的许多有代表性的车型。博物馆有三层，第一层主要是历史上各种经典车型，第二层主要展示酷炫的赛车；第三层是珍宝车系列，主要展示一些名人用过的车。

旅友点赞

不管你是不是一名车迷，都要到奔驰博物馆看一看。在这里你不仅可以了解到德国汽车的发展史，还可以了解如传动轴、转向灯、车速表、雨刷器、机械式刹车等概念性技术的发明历程。博物馆中除了奔驰历史上各种经典车型，甚至还有船舶和飞机。

旅游资讯

地址：Mercedes-Benz Museum, Mercedesstrae 100,70372 Stuttgart

交通：乘坐 S1 至 Neckarpark 站下；或乘 S2/S3 及区间火车至 Bad-Connstatt 站换乘 56 路公交车到 Mercedes-Benz Welt 站下车即到

开放时间：周二至周日 9:00 ~ 18:00，节假日、12 月 24 号、12 月 31 号关闭

电话：0711-1730000

参观完奔驰博物馆，天色也暗了下来，这时候你可以回到市中心，找一个热闹的街区，吃个晚饭，逛逛街，体验一下斯图加特的夜生活。

豆城区

豆城区（Bohnenviertel）是市中心比较热闹的街区，这里有风格各异的小酒馆、各种风味的餐馆以及鳞次栉比的店铺，十分适合晚上闲逛。

地址：Wagnerstraße 41,70182 Stuttgart
交通：乘坐地铁U5、U5、U5、U12、U15线在Olgaeck站下步行即到

如果多待一天

由于时间有限，只在斯图加特安排了一天的时间游玩，这一天你可能觉得不够尽兴。如果你的时间比较充足，可以在这里多安排一天。

一天的时间匆匆而过，或许你意犹未尽，还想去保时捷博物馆、威廉海玛动物园等地方，那多出来的一天可以满足你的心愿。

保时捷博物馆

保时捷博物馆(Porsche-Museum)是世界著名的跑车——保时捷的制造厂博物馆。博物馆中有超过80台经典1车藏品，其每一件藏品都是精品，代表了保时捷从创立至今的辉煌历史。在这里，有一些车的部件甚至整辆车都被解剖展览，你可以看到整个车的内部结构。

地址：Porscheplatz 1, 70435 Stuttgart
交通：乘城郊列车至Neuwirtshaus（Porscheplatz）站下即到
网址：www.porsche.com
开放时间：9:00~18:00

2 威廉海玛动植物园

威廉海玛动植物园（WilhelmaZoo）是欧洲最漂亮的动植物园之一。在这里，人们可以通过围栏和玻璃房观赏到约1000种不同的动物，其中最受欢迎的是装饰现代的猿猴室和熊室。

这里还是著名的兰花收藏地，里面有各种各样美丽的兰花，园内还有一座拥有鳄鱼厅和珊瑚鱼厅的漂亮的水族馆。如果你想要在这里仔细参观，一天的时间可能都不够。

地址：Wilhelma Neckartalstrasse13,70376 Stuttgart
交通：乘城市火车U14路在Wilhelma站下可到，或乘U13路在Rosensteinbrücke站下；乘52、55、56路公交在Rosensteinbrücke站下车可到

多待一天的美食

到了斯图加特，你不必担心满足不了自己的味蕾。这里的饮食名目繁多，既有令人称道的当地特色小吃，也有其他国家风味的美食。

1 Alte Kanzlei

这是一家位于王宫广场附近的老字号餐厅，主要提供施瓦本传统美食。餐厅注重将传统与创新相结合，在这里你可以享用新鲜的沙拉、汤、特色小吃以及鱼类菜肴等。

地址：Schillerplatz 570173 Stuttgart, Deutschland
交通：从斯图加特中央车站向南步行即到
网址：www.alte-kanzlei-stuttgart.de
电话：0711-294457

2 Le Médoc Weinstube

Le Médoc Weinstube是当地很受欢迎的一家餐厅，餐厅里的菜肴口味鲜美，尤其是这里的鲑鱼、牡蛎和奶油布丁等美食受到很多人的喜爱。

地址：Willy-Brandt-Strasse 30 Kernerplatz an der Wullestaffel, 70173 Stuttgart
网址：www.restaurant-lemedoc.de
电话：0711-22211858

3 Wirschaft zur Garbe

这是一家有着田园风格的餐厅，以提供美味的比萨饼、酱菜、面包和其他有特色的菜肴为主。到了夏天，这里还会开放啤酒花园，你可以在园中畅饮啤酒。

地址：Filderhauptstrasse 136, 70599 Stuttgart
网址：www.wirtshausgarbe.de
电话：0711-3421180

4 Restaurant Christophorus

Restaurant Christophorus 是当地一家提供德国传统菜式的餐厅，最受欢迎的是餐厅里令人垂涎欲滴的牛排，口味鲜嫩，喜欢肉类的人一定不要错过这里。

地址：Porscheplatz 5, 70435 Stuttgart, Baden-Wurttemberg
网址：www.porsche.com
电话：0711-91125980

斯图加特有着热闹繁忙的购物街，到了节假日，还会有规模巨大的跳蚤市场。因此在斯图加特，不管你是想要购买高端的服装，还是精美的工艺品，都能找到好去处。

1 国王大街

国王大街（Königstraße）是当地最长的一条步行街，集购物、休闲、餐饮于一身。在这里你能看到各种餐厅、休闲区、大型百货商场以及名牌专卖店等。这里最著名的品牌商店有华伦天奴（Valentino）、波士（boss）、吉尔珊德（Jil Sander）等。

地址：Königsstrasse 70173 Stuttgart

2 卡尔维街

与国王大街不同，卡尔维街（Calwer Straße）更多的是给人一种精致的感觉。这里有许多别致小巧的店铺，主要出售特色的服装、奢华的珠宝以及皮具等。

地址：Calwer Straße 70173 Stuttgart
交通：乘坐S1、S3、S6等路城郊列车在Stuttgart Stadtmitte站下车步行可到

3 卡尔广场跳蚤市场

如果你想要体验一下当地人日常购物的话，周六可以去卡尔广场的跳蚤市场转转。那里出售各种小商品、手工艺品以及二手商品，极具特色。

地址：Karlsplatz, 70173 Stuttgart
交通：乘坐4路公交车在Charlottenplatz站下车即到
开放时间：周六

斯图加特有着丰富的娱乐方式，你可以到剧院听歌剧，也可以到酒馆中畅饮美酒，或者去听一场美妙的音乐会。

1 斯图加特歌剧院和国家剧院

斯图加特歌剧院和国家剧院（Opernhaus und Staatstheater Stuttgart）建造于20世纪初，在德国具有很高的知名度。这里除了有优秀的歌剧，还经常有上演举世闻名的斯图加特芭蕾舞。

地址：Oberer Schloßgarten 6, 70173 Stuttgart
网址：www.staatstheater-stuttgart.de
电话：0711-202090

2 Dilayla

这是一家有着浓浓怀旧风的夜总会，如果你喜欢20世纪80年代的音乐，那就到这里来吧，里面的氛围以及演泽的节目一定不会让你失望的。

地址：Eberhardstraße 49, Stuttgart
电话：0711-2369527

3 Wagenhallen

Wagenhallen整体呈现出一种后现代风格，对于很多追求非主流的年轻人来说是一个很好的选择，这里还经常举办一些演奏会以及派对等，十分热闹。

电话：0711-35160180
交通：乘坐地铁在Eckhardtshaldenweg站下车即到

斯图加特住行攻略

在斯图加特旅行，无论是住宿还是出行都是比较方便的。斯图加特的住宿地很多，可以满足不同人群的需要。对于出行来说，在市内可以租一辆自行车，如果想去城郊可以乘坐公交车或城郊专线。

与其他旅游城市一样，斯图加特的住宿地主要分布在市中心、火车站、机场附近。如果你想要寻找一些住宿条件相对较好的酒店，可以在市中心或火车站附近寻找；如果想寻找经济实惠的青年旅舍或家庭旅馆，可以在露营广场一带寻找。

1 普菲里格酒店

普菲里格酒店（Hotel Pflieger）是位于斯图加特中央车站附近的一家三星级酒店。酒店提供免费无线网络、24小时酒吧和免费的早餐，客房中设有卫星电视、办公桌和私人浴室。

地址：Kriegerstraße11, 70191 Stuttgart
网址：www. hotel-pflieger.de
参考价格：单人间90欧元起，双人间110欧元左右
电话：0711-221878

 斯图加特市大道新奇酒店

斯图加特市大道新奇酒店（Novum Hotel Boulevard Stuttgart City）位于市中心，距离王宫广场有 10 分钟步行路程，交通非常方便。酒店内提供免费无线网络，客房配有有线电视和私人浴室，每天早晨还供应新鲜的自助早餐。

地址：Marienstr. 3b, 70178 Stuttgart
网址：www. novum-hotels.de
参考价格：单人间70欧元起，双人间80欧元起
电话：0711-888810

斯图加特其他住宿地推荐				
名称	地址	电话	网址	费用
Steigenberger Graf Zeppelin	Arnulf-Klett-Platz 7, 70173 Stuttgart	0711-20480	de.steigenberger.com	双人间170欧元起
Abalon Hotel Ideal	Zimmermannstrasse 770182 Stuttgart	0711-21710	www.abalon.de	双人间110欧元起
Achat Hotel Stuttgart	Wollinstrasse 6, 70439 Stuttgart	0711 -820080	www.achat-hotels.com	双人间80欧元起
Hotel Garni Keinath	Spielbergerstrasse 24-26,70435 Stuttgart	0711-875392	www.hotel-keinath.de	双人间70欧元起

斯图加特的交通比较发达，其境内有 6 条轻轨（S-Bahn），10 多条地铁线路（U-Bahn），1 条有轨电车线路和众多公交线路。另外，这里还有以 R 开头的地区火车线路，因此在斯图加特出行是比较方便的。

如果你在斯图加特待一天，一日通票比较划算，很适合在当地 2 个地区的游览。单人一日通票约 6 欧元，2~5 人用的通票约 9 欧元。

斯图加特卡

如果你在斯图加特待两三天，可以考虑购买斯图加特卡（Stutt Card）。这种卡集车票和优惠券于一身，在连续 3 天内，持限定区域的斯图加特卡可以乘坐该区域内的所有公共交通工具，不限次数，而且可以免费进入多家美术馆、博物馆。

这种卡分为单人卡和多人卡，使用区域也有所不同，以下是斯图加特卡的详细信息。

斯图加特卡具体信息			
分类	1~2 Zones	整个市区内	备注
单人卡	无	约10欧元	仅限单人使用
多人卡	约18欧元	约22欧元	可带2个17岁以下儿童使用

自行车

如果你只想在市区转转，可以租一辆自行车。在斯图加特，只要不是工作日期间的上下班高峰期，你甚至可以携带自行车搭乘地铁，如果是上下班高峰期，你需要为自行车买一张儿童票。Rent a Bike（网址：www.rentabike-stuttgart.de）提供自行车出租服务，费用为6小时约9.5欧元，全天约13欧元。

从斯图加特至海德堡

海德堡距离斯图加特非常近，而且小城海德堡没有机场，所以你可以选择从斯图加特乘坐火车或者乘坐长途巴士前往海德堡。

乘坐火车

从斯图加特到海德堡乘坐火车非常方便，如果乘坐IC火车从斯图加特中央车站到海德堡只需40分钟左右即到，票价约为27欧元。

乘坐长途汽车

如果想要慢慢欣赏沿途风景，你也可以乘坐长途巴士，从斯图加特到海德堡的长途巴士车程需要2小时左右，票价约10欧元。

到达海德堡

歌德曾说："我把心遗落在了海德堡。"可见这座城市的美丽。海德堡（Heidelberg）坐落于内卡湖畔，整个城市风光秀美。古老的海德堡城堡使整座城市为世界所知；幽静的哲人之路上充满浓浓的文化气息；德国最早的大学——海德堡大学与整座城市融为一体，处处可见年轻学生的身影，给这座城市注入了新的活力。这是一座古老的城市，也是一座年轻的城市。

海德堡中央车站（Heidelberg Hauptbahnhof）位于海德堡老城西南部，从火车站到市区的交通很方便。火车站外面就有公交车站，你可以乘坐5、21、32路等公交车前往市区。

海德堡2日行程

海德堡的主要景点有海德堡城堡、海德堡大学、哲人之路等，为了使你的行程不至于太匆忙，所以在这里安排2天时间进行游览，第一天主要围绕海德堡大学，在此感受海德堡年轻人的创意与激情；第二天主要围绕海德堡城堡，感受这座城市的古老与沧桑。

俾斯麦广场→哲人之路→老桥→海德堡大学→学生监狱

到了海德堡的第一天，你可以从城中的交通枢纽俾斯麦广场出发，穿过内卡河，感受一下哲人之路的魅力；然后通过老桥回到城区内，逛一逛充满书卷气的海德堡大学和著名的学生监狱；到了晚上，你还可以去城中最有名的红牛酒馆小酌一杯。

海德堡第1天行程		
时间	目的地	行程安排
10:00～12:00	俾斯麦广场	俾斯麦广场是整个城市主要的交通枢纽，许多老城的主要街道都是从这里延伸出去的。在街道两旁，布满了古色古香的珠宝店、古玩店等
12:00～13:30	Cafe Rossi餐厅	在俾斯麦广场附近就餐很方便，有麦当劳等快餐店，如果你想吃个便餐可以去那里看一看。或者你也可以去环境优雅的Cafe Rossi餐厅就餐，在餐厅露台上好好享受一下中午的时光
13:30～14:30	哲人之路	哲人之路长约2千米，沿途风光旖旎，清静幽雅，很适合静静思考，历史上许多哲学家、学者常在此踱步思考；这条路位于圣山南坡的半山腰上，你还可以俯瞰海德堡老城
14:30～15:00	老桥	老桥是内卡河上的第一座石桥，从远处看，有一种错落有致的美感。在桥头有一个铜猴雕塑，铜猴手里拿着一面镜子。据说摸一摸镜子，可以给人带来财富

续表

时间	目的地	行程安排
15:00 ~ 17:00	海德堡大学	海德堡大学内的很多建筑都是古老的建筑样式，很有韵味，很多优秀电影就是以海德堡大学为背景。漫步在校园里，你会看到许多洋溢着青春气息的年轻学子在散步、健身、看书
17:00 ~ 18:00	学生监狱	海德堡大学的学生监狱举世闻名，这个所谓的"监狱"没有一点恐怖的感觉，反而充满了活力。这个学生监狱是为惩罚当时调皮捣蛋的孩子所设，但是学生们在这里可以谈天说地，信手涂鸦，在墙上留下了生动鲜活的青春印记
18:00 ~ 20:00	红牛酒馆	参观完了充满趣味的学生监狱，晚上可以去附近的红牛酒馆好好享受一下美味的啤酒。海德堡最出名的酒馆是红牛，据说铁血首相俾斯麦和大作家马克·吐温都曾来过这里

▲ 海德堡第1天行程路线示意图

俾斯麦广场

旅游资讯

地址：Bismarckplatz 69115 Heidelberg

交通：乘5、21、22、23、26路有轨电车在Bismarckplatz站下车即到

票价：免费　开放时间：全天

旅友点赞

俾斯麦广场看起来很不起眼，甚至如果不注意，你可能会错过这里。这个广场的魅力不在于周围的建筑或者悠久的历史，而是从这里延伸出去的许多大街，街上那些古色古香的店铺让人仿佛一下就回到了中世纪。

俾斯麦广场（Bismarckplatz）位于市中心，因广场上有19世纪德意志帝国首相俾斯麦铜像而得名。它是整个城市主要的交通枢纽，许多老城的主要街道都是从这里延伸出去的。在街道两旁，布满了咖啡店、餐厅、珠宝店、古玩店等店铺。

俾斯麦广场附近有不少快餐店，其中就有麦当劳，如果你想要吃个便餐可以去那里看一看。当然，如果你想找个地方坐下，享受一下中午的时光，这里也有带有露台的餐厅供你选择。

1 Cafe Rossi

Cafe Rossi 就在俾斯麦广场上，这里环境优雅，有一种复古的感觉。每当到了夏季餐厅外面漂亮的露台就会开放，你可以边用餐边欣赏广场上的景色。

地址：Rohrbacher Straße 4,69115 Heidelberg
交通：从俾斯麦广场步行可到
网址：www. caferossi.de
电话：06221-97460

2 Dean & david Heidelberg

Dean & david Heidelberg 也在俾斯麦广场附近，餐厅装修表现为一种清新明快的风格，在此就餐，心情也会大好。

地址：Poststraße 4,69115 Heidelberg
交通：从俾斯麦广场向东南方向步行约200米可到
网址：www. deananddavid.de
电话：06221-7150551

哲人之路

哲人之路（Philosophenweg）也可以称为哲学家小径。小径长约 2 千米，沿途风光旖旎，清静幽雅，很适合静静思考，因此历史上许多哲学家、教授、学者常在此踱步思考，因此而得名。这条路位于圣山南坡的半山腰上，因此也是个俯瞰海德堡老城的好去处。

旅游资讯

地址：Philosophenweg, 69120 Heidelberg
交通：从俾斯麦广场向北，过 Theodor-Heuss 桥后一直走到 Ladenburgerstraße 右转，继续走即可到

旅友点赞

午后走在清幽的小径上，总会忍不住想到历史上一些哲学家在此思考徘徊的情形。在哲人之路的沿途，还有一个漂亮的哲学家小花园，这个花园中，草木茂盛，鸟语花香，更有诗人艾兴多尔夫和荷尔德林的纪念碑，值得一去。

老桥

老桥(Alte Brucke)位于内卡河的左岸，是内卡河上的第一座石桥。老桥的桥头有两座塔，护卫着入城的入口，另外还有 9 个拱门，从远处看，整座桥有一种错落有致的美感。老桥的桥面有所磨损，现在老桥是留给行人徒步专用的。

旅游资讯

地址：Karl Theodor Bruke Bridge Heidelberg

交通：从哲人之路到老桥需要从一条叫 Schlangenweg 的山间阶梯下山，穿过 Neuheimer Landstraße 即可

票价：免费

旅友点赞

在老桥的桥头有一个著名的铜猴雕塑，铜猴手里拿着一面镜子。这里有一个美好的传说，据说摸一摸镜子可以给人带来财富，而握住铜猴伸出的手指可以让你重返海德堡。铜猴身边还有2只老鼠雕像，这代表着多子多福。因此很多人来到这里都要摸一摸雕塑。

海德堡大学

海德堡大学（Heidelberg University）始建于 14 世纪，是德国最早的大学，在整个欧洲也是第三古老的大学，有着极高的地位。这里学风严谨，各个学科都培养出了很多优秀人才。海德堡大学与整个城市几乎融为一体，校区遍布城市的各个区域，其中老城区是校区最为集中的地方。

旅游资讯

地址：Plöck 107-10969117 Heidelberg

交通：从老桥向西南方向步行约 600 米即到

网址：www. uni-heidelberg.de

旅友点赞

海德堡大学是一个令人向往的地方，很多建筑都是古老的建筑样式，这里曾是许多优秀电影的取景地，马克 · 吐温曾在他的小说《流浪汉在海外》中也提到这里。漫步在校园里，你会看到许多洋溢着青春气息的年轻学子在散步、健身、看书，这一切让你不禁也想融入其中。

学生监狱

海德堡大学被世人所熟知还因其内有独一无二的“学生监狱”。这个学生监狱（Student Jail）始建于18世纪，是为惩罚当时调皮捣蛋的孩子所设。那些“犯了罪”的学生会根据“罪行”轻重被关在这里2～4周，他们白天可以去听课，下课后就要乖乖待在这里。但是学生们苦中作乐，在这里或谈天说地，或信手涂鸦，在墙上留下了生动鲜活的青春印记。

旅游资讯

地址：Augustinergasse 2 69117 Heidelberg

交通：从海德堡大学南门向北走约300米可到

网址：www. uni-heidelberg.de

票价：3欧元

开放时间：4～10月周二至周日10:00～18:00；11月至次年3月周二至周六10:00～16:00；周一不开放

旅友点赞

说是“监狱”，但它并没有听上去那么沉重，相反，这里是个挺轻松愉快的地方。有的学生在墙上写下自己的姓名，被关的日期，并煞有介事地画上自己的侧面像，有的学生在墙上写下浪漫的诗句……看到这些，你能想到自己“恰同学少年”时的青春印记吗。

参观完了充满趣味的学生监狱，也许你会想要跟活力四射的大学生一起娱乐，那么晚上就去附近的酒馆好好享受一下美味的啤酒。在海德堡最为出名的酒馆是红牛（Zum Rotten Ochsen）。

1 红牛酒店

红牛酒店（Zum Rotten Ochsen）有着悠久的历史，是海德堡最为出名的学生酒馆。据说“铁血首相”俾斯麦和大作家马克·吐温就曾来这里享用美味的啤酒。许多游人专程慕名而来，因此这个酒馆常常爆满。

地址：Hauptstraße 217,69117 Heidelberg

交通：从学生监狱向东步行约600米即到

网址：www. roterochsen.de

电话：06221-20977

圣灵大教堂→谷物广场→海德堡城堡→德国药房博物馆

海德堡第2天的行程主要以海德堡城堡为主，途中顺便逛一下圣灵大教堂和谷物广场。因为要返程了，晚上的时间可能比较少，可以去圣灵大教堂附近的“大学生之吻”巧克力专卖店买一些巧克力回去作纪念。

海德堡第2天行程		
时间	目的地	行程安排
10:00～12:00	圣灵大教堂	圣灵大教堂是海德堡老城内最大的教堂，是一座和谐而美丽的哥特式建筑，虽然没有繁复华丽的装饰，整体却显得古老而有韵味
12:00～14:00	Vetter's Alt Heidelberger Brauhaus	圣灵大教堂附近就有很多餐厅，Vetter's Alt Heidelberger Brauhaus距离圣灵大教堂非常近，餐厅里供应非常丰富的菜肴
14:00～15:00	谷物广场	谷物广场是前往城堡的必经之地，这是一个宁静安详的小广场，广场中央有一座圣母像喷泉，圣母玛丽亚手中持一把金色的稻穗，很是耀眼
15:00～18:00	海德堡城堡	举世闻名的海德堡城堡位于王座山上，可将山脚下的海德堡老城和内卡河美景尽收眼底。如宫殿、地窖、花园和药房博物馆等
18:00～19:00	德国药房博物馆	德国药房博物馆位于海德堡城堡内部，里面有很多极具特色的收藏馆、配药室等，还有一个颇具神秘色彩的炼丹室，在这里你可以看到许多草药、矿物以及各种器皿等
19:00～20:30	Chocolaterie Knösel	在海德堡的最后一天，也是一周之旅的最后一天，你可以让自己轻松一些，去Chocolaterie Knösel转转，这是当地特色巧克力——“大学生之吻”巧克力的专卖店，在这里你既能得到甜蜜享受，还能买些巧克力当作纪念品带回去送给亲朋好友

▲ 海德堡第2天行程路线示意图

圣灵大教堂

旅游资讯

地址：Marktplatz, Heidelberg
交通：从老桥向南走约 100 米即到
开放时间：周一至周六 11:00 ~ 17:00；周日 12:30 ~ 17:00

旅友点赞

当你从高处遥望城内，最引人注目的就是这座有着宽大基座和高耸屋顶的红色教堂。与教堂的安静肃穆形成鲜明对比的是，教堂外是热闹的市场广场，广场上有许多出售纪念品的小摊。

圣灵大教堂（Church of the Holy Spirit）位于市区广场上，建于 14、15 世纪，是海德堡老城内最大的教堂。这是一座和谐而美丽的哥特式建筑，虽然没有繁复华丽的装饰，整体却显得古老而有韵味。

在海德堡市区，吃饭是你不必担心的事情。圣灵大教堂附近就有很多餐厅，你可以在附近享用美味的午餐。

1 Vetter's Alt Heidelberger Brauhaus

这家餐厅距离圣灵大教堂非常近，而且餐厅里供应的菜肴也是非常丰富的。在这里，你可以吃到各种风味浓郁的肉食，也可以吃到清新爽口的沙拉和各种小菜，最值得开心的是，在此可以喝到地道的德国啤酒。

地址：Steingasse 9,69117Heidelberg
交通：从圣灵大教堂向北走约1分钟即到
网址：www.brauhaus-vetter.de
电话：06221-165850

2 Kulturbrauerei Heidelberg

Kulturbrauerei Heidelberg 的菜肴主要是以当地特色菜为主，如炸肉排、烤香肠以及各种沙拉等。这是一家以自酿啤酒为特色的餐厅，如果你想要更多地体验古城的啤酒文化，可以到这里来享用午餐。

地址：Leyergasse 6,69117 Heidelber
交通：从圣灵大教堂步行即到
网址：www. heidelberger-kulturbrauerei.de
电话：06221-502980

谷物广场

谷物市场（Kornmarkt）因曾是粮食交易场所而得名。这是一个宁静安详的小广场，广场中央有一座圣母像喷泉。谷物广场距离海德堡城堡很近，是前往城堡的必经之地，从这里可以仰望到城堡的美景。

旅游资讯

地址：Kornmarkt 69117 Heidelberg

交通：从圣灵大教堂向东南方向步行约 3 分钟可到

票价：免费

旅友点赞

谷物广场很有生活气息，广场虽不大，周边只有一些卖东西的小店，但并没有其他大广场那种喧闹，而是给人一种安静的感觉。广场中央树立着圣母雕像，圣母玛丽亚手中持一把金色的稻穗，很是耀眼。

海德堡城堡

海德堡城堡（Schloss Heidelberg）位于王座山上，俯视着山脚下的海德堡老城和内卡河。这座城堡建于 13 世纪，结构复杂，曾多次被毁，但里面仍有着众多历史古迹，包括防御工事、居室和宫殿和城堡花园等。

旅游资讯

地址：Schloss Heidelberg1, 69117 Heidelberg

交通：从谷物广场后的缆车站搭乘齿轮火车可到城堡；如果步行，可以选择城堡前的斜坡路或山间的台阶路，需要 15 分钟左右

网址：www. schloss-heidelberg.de

票价：联票（齿轮火车、城堡庭院、大酒桶及药房博物馆）6 欧元，优惠 4 欧元；语音导览（含中文）4 欧元

开放时间：宫殿庭院及大酒桶 8:00~18:00（17:30 停止入场）；12 月 24 日 8:00~13:00（12:30 停止入场）；12 月 25 日不开放

旅友点赞

城堡很大，里面有很多看点。其庭院中有一座红色的凯旋门，据说是弗里德里希五世送给她妻子的生日礼物，这是在一夜之间建成的，非常具有浪漫色彩。这里还有世界上最大的葡萄酒桶（Grosses Fass），可以装下20多万升酒。

德国药房博物馆

德国药房博物馆（Deutsches Apotheken- Museum）位于海德堡城堡内部，建于 20 世纪中叶，里面有很多极具特色的收藏馆、配药室，还有一个颇具神秘色彩的炼丹室。在这里，你可以了解到从古代到 20 世纪德国的药房业的发展历程。

地址：Schloss Heidelberg, Schlosshof 1, 69117 Heidelberg
网址：www. deutsches-apotheken-museum.de
票价：联票(药房博物馆与齿轮火车、城堡庭院、大酒桶) 6欧元，优惠票4欧元；语音导览(包含中文) 4欧元
开放时间：4~10月10:00~18:00；11月至次年3月10:00~17:30；12月24日8:00~13:00，12月25日不开放

旅友点赞

这是一个十分有趣的博物馆，虽然不大，但是处处透着别具一格的感觉。在这里你可以看到许多草药、矿物以及来自意大利、荷兰和德国本土的上釉陶器和玻璃器皿。另外，这里还有供孩子游戏和操作的材料。

在海德堡的最后一天，也是一周之旅的最后一天，马上就要结束德国的旅程了。最后一天的晚上，你可以让自己轻松一些，去当地的巧克力店转转。这样既能让自己得到甜蜜享受，又能买些纪念品带回去给亲朋好友。

Chocolaterie Knösel

Chocolaterie Knösel 是当地最有名的巧克力——“大学生之吻”巧克力的专卖店。这是一种外皮包裹着华夫的巧克力，包装上有着甜蜜的亲吻剪影，而且口味浓郁，美味可口。店里的装修也非常精致优雅，来此还可以坐下来喝杯咖啡。

地址：aspelgasse 16,69117 Heidelberg
交通：从老桥向南走约100米即到
网址：www. studentenkuss.com
电话：06221-22345

如果多待一天

2天的时间，或许你以为已经玩遍了海德堡内部所有的景点，其实不然，有些景点虽然不像海德堡城堡那么有名，却同样值得你花时间好好欣赏。

1 选帝侯宫殿

选帝侯宫殿（Heidelberger Kunstverein）位于海德堡市中心的主干道上。这座有着红褐色外墙的宫殿最早建于13世纪，在历史中饱经沧桑，曾被轰炸得只剩下断壁残垣。现在这里是作为博物馆对外开放，主要展示15～20世纪的艺术作品，当然还有最著名原始人类“海德堡人”化石。

地址：Hauptstraße 97,69117 Heidelberg
交通：从俾斯麦广场沿城市主干道向东即可
网址：www. museum-heidelberg.de
票价：成人3欧元，周日成人1.8欧元
开放时间：10:00～18:00，周一闭馆
电话：06221-5834020

2 内卡河

内卡河（Neckar）是莱茵河的一大支流，发源于黑森林，注入莱茵河，途中流经许多有名的城市，其中之一就是海德堡。内卡河位于海德堡老城的北面，穿城而过，你可以乘船欣赏海德堡的风景；两岸还有绿茵茵的草坪和优雅的花园，天气晴好的时候，可以在岸边悠闲散步。

地址：租船点在Theodor-Heuss桥北岸
票价：脚踏船(最多3人)每半小时9欧元；电动船(最多3人)每半小时15欧元
开放时间：4～10月14:00～19:00

3 海德堡大学图书馆

海德堡大学图书馆（University Library Heidelberg）是德国最古老的大学图书馆，在世界顶级名校图书馆中排名前列。图书馆的外观为古色古香的红色，有着精致复杂的雕饰，看起来就像一座圣殿。图书馆内部藏书200多万册，其中有一些是珍贵的古代印刷本、手抄本。

地址：University Library Heidelberg, Plöck 107, 69117Heidelberg
网址：www.ub.uni-heidelberg.de
开放时间：10:00～18:00（周日和节假日关闭）
电话：06221-542380

海德堡的美食虽然与德国传统美食一脉相承，多是啤酒和肉类，但与德国的其他城市相比，这里还有众多的咖啡馆和小酒馆，因而多了一丝文艺与浪漫气息。它作为举世闻名的大学城，这里聚集了世界各地的留学生，因此想找国际上的美食也不难。

1 骑士之家

骑士之家（Haus zum Ritter）因大门上方有一座骑士雕像而得名，是当地有名的旅馆兼餐厅。这是一座古老的红砂岩建筑，历经数次战火而未被毁灭。餐厅可容纳 60 人就餐，提供种类繁多的当地特色及世界风味菜肴。

地址：Hauptstraße 178, 69117 Heidelberg
网址：www.ritter-heidelberg.com
电话：06221-705050

2 Café Knösel

Café Knösel 可以说是海德堡市内最古老的咖啡馆，这里也是海德堡特产——“大学生之吻”（Studentenkuss）巧克力的诞生地。在这里，你可以享用美味的巧克力、咖啡还有各种口味的蛋糕。

地址：Haspelgasse 20， Heidelberg
网址：www.cafek-hd.de
营业时间：周一至周五12:00～15:00、18:00～22:00，周六和周日12:00～22:00

3 Schnitzelhaus Alte Münz

Schnitzelhaus Alte Münz 是当地的一家特色肉食餐厅（意思就是炸肉排）。这家餐厅提供 Schnitzel 的多种吃法，价格公道，分量十足，种类繁多的调味酱简直让你挑花眼。

地址：Neckarmünzgasse 10, Heidelberg
交通：乘33、35路公交车到Neckarmünzplatz下可到
电话：06221-434643

4 Schnitzelbank

这是一家德国风味的餐厅，店内就餐面积不大，但在当地十分受欢迎。店内主营传统手法烹饪的炸肉排、猪肘以及德国著名的香肠。店内最出名的自然是香肠和猪腿肉，如果想尝试更多香肠品种，可以点个香肠拼盘，由于人气很高，建议提前预订。

地址：Bauamtsgasse 7, Heidelberg
网址：www.schnitzelbank-heidelberg.de
营业时间：周一至周四17:00至次日1:00，周五至周日11:30至次日1:00
电话：06221-21189

5 Weisser Bock

这是海德堡市内一家高档餐厅，人气颇高，来此就餐建议提前预订。餐厅菜式多种多样，可以根据自己喜好来搭配，如三文鱼、牛肉、生蚝等。除此之外，西班牙炖饭最受欢迎，食材新鲜，色香味俱全，值得品尝。

地址：Große Mantelgasse 24,Heidelberg
网址：www.weisserbock.de
营业时间：周一至周四19:00～24:00
电话：06221-90000

海德堡虽小，却可以满足当地人以及游客的各种需要。对于游客来说，这里简直是一座美丽的小型购物天堂。在海德堡，你可以买到颇具特色的服装、饰品以及德国特产啤酒杯、巧克力等。海德堡的主要购物地分布在老城和主街一带，你不需要走太远就能买到称心如意的商品。

1 主街

主街（Hauptstraße）西起俾斯麦广场，东至卡尔广场，贯穿海德堡市中心。这里是海德堡老城内最为重要的街道，聚集了各种各样的购物、餐饮场所，许多知名品牌商品在街上都能找到。道路用卵圆的石板铺成，蜿蜒而去，是一个泛着历史气息的时尚地带。

地址：Hauptstraße 69117 Heidelberg

2 Chocolaterie RoCo

Chocolaterie RoCo 是当地一家巧克力店铺，店里出售各式各样的巧克力，包括自制的、品牌的以及当地特色的“大学生之吻”巧克力等。你可以挑选自己喜爱的巧克力当做纪念品，也可以带回去送给亲友。

地址：Bergheimer Str. 3，69115 Heidelberg
网址：www. alles-schoko.de
营业时间：周一至周五9:00～19:30，周六9:00～18:00
电话：06221-434680

3 REWE City

如果你需要购买日常用品的话，可以去市中心的大型超市。REWE City 是德国较为常见的超市，在海德堡市内就有 2 家，其中一家在市中心。这里从衣服到食品再到各种日常生活用品应有尽有，而且价格合适，商品排列整齐。

地址：Kurfürstenanlage 6，Heidelberg
网址：www. rewe.de
营业时间：周一至周六8:00～24:00
电话：06221-659095

海德堡的夜间娱乐形式多种多样，每当夜幕降临、街头的霓虹灯亮起，夜生活就此开始。这里有着德国最古老的大学，文艺气息浓厚，夜晚就是年轻人的天堂。街头的酒吧、俱乐部人满为患，三三两两，有说有笑，听着音乐，品着美酒，呈现出与白天不一样的风采。

1 Cave54

Cave54 于 1954 年开业，是当地历史最悠久的学生爵士乐俱乐部。这里有着乡村风格的拱形酒窖，里面还有标志性的螺旋楼梯，十分有特色。俱乐部每周二都会组织爵士乐即兴演出，平时没有演出的时候，也会提供一个舒适、轻松的聊天范围。

地址：Krämergasse 2,69117 Heidelberg
网址：www.cave54.de
电话：06221-27840

2 塞普尔酒吧

塞普尔酒吧（Zum Seppl）创建于17世纪，是海德堡历史最为悠久的学生酒吧。酒吧有着彩色的玻璃，桌子上有学生的签名或者留言，墙上挂满了以前学生们在此聚会的照片，很有历史感。

地址：Hauptstraße 213,69117 Heidelberg
网址：www.zum-seppl.de
电话：06221-502980

3 Schwimmbad Musik Club

这是一家集多种功能于一身的俱乐部。在这里你可以欣赏美妙的音乐，可以看一场精彩的电影，可以享用美食，还可以在此游泳。

地址：Tiergartenstraße 13, 69121 Heidelberg
网址：www.schwimmbad-club.de
电话：06221-470201

海德堡住行攻略

海德堡虽然不大，却有各种类型的住宿地满足来自世界各地游客的需求。而且景点在城区中分布比较集中，游玩时，你可以步行前往，基本不用交通工具。

海德堡的住宿地主要集中在火车站和老城区一带，如果只为观光便利，可以住在老城区；如果要赶一大早的火车，可以选择在火车站附近。就住宿的价格来说，如果选择大型酒店，一晚的价格会在100欧元以上，一些较为奢华的酒店甚至在200欧元以上，一般的经济旅馆一晚在80欧元左右，青年旅舍是最便宜的住宿地，一般价格在30欧元左右。

1 莱昂纳多酒店

莱昂纳多酒店（Leonardo Hotel Heidelberg City Center）位于海德堡市中心，酒店客房装饰为清新明快的风格，提供卫星电视、迷你吧以及带浴缸、淋浴设备和吹风机的私人浴室。酒店餐厅设有露台，可以边用餐边欣赏美景。

地址：Bergheimer Straße 63, 69115 Heidelberg
网址：www. leonardo-hotels.de
参考价格：双人间100欧元起（含早餐）
电话：06221-5080

② 阿尔滕布吕克酒店

阿尔滕布吕克酒店（Hotel Zur Alten Brücke）位于海德堡市老城区的中心地带，距离老桥非常近。酒店内设有庭院，提供自助早餐，公共区域提供免费无线网络。在酒店客房可以看到美丽的内卡河景色。

地址：Obere Neckarstraße 2, 69117 Heidelberg
网址：www. hotel-zur-alten-bruecke.de
参考价格：单人间130欧元起，双人间140欧元起
电话：06221-739130

海德堡其他住宿地推荐				
名称	地址	电话	网址	费用
Crowne Plaza Heidelberg City Centre	Kurfürsten-Anlage 1, 69115 Heidelberg	06221-9170	www.ihg.com	双人间180欧元起
Hotel Goldener Falke	Hauptstraße 204, 69117 Heidelberg	06221-14330	www.goldener-falke-heidelberg.de	单人间90欧元起 双人间145欧元左右
Hotel Zum Pfalzgrafen	Kettengasse 21, 69117 Heidelberg	06221-4320892	www.hotel-zum-pfalzgrafen.de	单人间70欧元起，双人间90欧元起
Hotel Bayrischer Hof	Rohrbacher Straße 2, 69115 Heidelberg	06221-872880	www.bayrischer-hof-heidelberg.com	单人间65欧元起，双人间80欧元起

海德堡是个比较小的城市，且景点集中在老城区，如果只在主要景点游玩，可以步行前往。海德堡城堡虽然在山上，但是攀登的话也不会太累，如果不想攀登，可以乘齿轮火车上山。如果想要选择交通工具出行，可以选择公交车与出租车。

公交车

在海德堡乘坐公交车，可以购买单程票（Einzelfahrschein）或者一日票（Tageskarte）。单程票票价约为 2.5 欧元，有效时间为 90 分钟，只能单程使用；一日票约为 5.5 欧元，一般来说是 24 小时有效，如果在节假日使用，则可以用到节假日后一个工作日的凌晨。

出租车

在海德堡乘坐出租车，可以到固定的出租车候车点候车，也可以打电话（06221-302030）叫车，但是叫车时最好付 5 % ~ 10% 的小费。出租车的起步价一般 2.5 欧元，之后前 2 千米约 2.4 欧元，超出 2 千米后约 1.4 欧元 / 千米。

齿轮火车

齿轮火车是从山下抵达海德堡城堡的一种交通方式。这种火车从谷物广场后的缆车站出发，到达王座山山顶，每 10 分钟一班，运营时间为夏季 9:00 ~ 20:20，冬季 9:00 ~ 17:00。车票与城堡联票约为 6 欧元，往返车票约为 12 欧元。

时间改变

如果你有更长的时间留在德国，你可以在离开海德堡之后，乘火车向东出发，前往美丽的纽伦堡玩一天，感受一下扑面而来的中世纪气息。

去纽伦堡
玩1天

集市广场

集市广场（Nurnberger Hauptmarkt）是位于纽伦堡市中心的一个热闹的广场，整个广场由石板铺砌而成，是纽伦堡老城的心脏。广场上有装饰华丽的圣母教堂，看起来既庄严又神圣；圣母教堂前是一座美丽的喷泉，呈八角形的金字塔状，上面装饰着许多雕刻细致的雕像，人称“美之泉”。

旅游资讯

地址：Nurnberger Hauptmarkt 90403 Nürnberg

交通：乘坐 36 路公交车在 Hauptmarkt 站下车即可；或者乘坐地铁 U 1 线在 Lorenzkirche 站下即可

旅友点赞

集市广场可以说是纽伦堡市区最热闹的地方，这里摆满了各种小摊，有时还会有精彩的街头表演。到了集市广场，一定不要忘了在“美之泉”许下自己的愿望。“美之泉”周围有一个多边形金属护栏，在护栏的东南部有一个可转动的金色圆环，叫“愿望环”，传说转动此环可以使你的愿望成真。

帝王堡

帝王堡（Kaiserburg）也叫恺撒堡，是纽伦堡的标志性建筑之一。这座中世纪的建筑矗立在纽伦堡老城北部的山上，包括了皇宫、花园以及高高的瞭望塔。城堡内还有一个帝王堡博物馆，馆中详细介绍了帝王堡的历史。

旅游资讯

地址：Auf der Burg 13 90403 Nuremberg

交通：乘坐U1线在Lorenzkirche站下车可到，或者乘坐4线轻轨在Tiergärtnertorplatz站下车可到；或乘坐36路公交车在Burgstraße站下车可到

票价：全票7欧元，优惠票6欧元

开放时间：4月至9月9:00～18:00，10月至次年3月10:00～16:00

电话：0911-2446590

旅友点赞

可以看出帝王堡的防御工事做得非常好，城堡周围是由巨石垒成的一米多厚的城墙。为了防止被敌人围困，山上不仅有能够大量储藏粮食的仓库，岩石上还打了一眼极深的水井，以备不时之需。

丢勒故居

帝王堡附近有一座不起眼的三层旧式小楼，里面有着朴素的陈设，如果不注意，你可能会错过这里。但这座不起眼的小楼，却是大画家阿尔贝特·丢勒（Albrecht Dürer）的故居。现在故居也是陈列馆，里面珍藏着丢勒当时的一些生活物品和绘画作品。

旅游资讯

地址：Albrecht-Dürer-Straße 39，90403 Nuremberg

交通：从集市广场根据指示牌步行可到

票价：5欧元

开放时间：周二、周三及周五10:00～17:00，周四10:00～20:00，周六及周日10:00～18:00，7～9月及圣诞市场期间的周一10:00～17:00

网址：www.museen.nuernberg.de

电话：0911-2312568

旅友点赞

丢勒的故居非常简单，里面主要展示的是他的一些生活用品和画作，可以让你从中了解他的生平。故居前面有一个广场，称为丢勒广场（Square at Tigergärtnertor），广场上有一个根据丢勒原稿创作的大型的青铜兔子，满眼忧伤，让人动情。

玩具博物馆

玩具博物馆(Spielzeugmuseum)成立于1941年，馆内主要展示不同历史时期的玩具。博物馆分为4层，一楼主要是玩偶，包括甜美可爱的洋娃娃；二楼是厨房、客厅、卧室模型，这些模型精巧细致，十分逼真；三楼则是交通武器类玩具；四楼展出的是近代玩具。

旅游资讯

地址：Karlstraße 13-15，90403 Nuremberg
交通：从集市广场步行可到
票价：5欧元
开放时间：周二至周五 10:00 ~ 17:00；周六和周日 10:00 ~ 18:00
电话：0911-2313164

旅友点赞

这里简直集齐了世界上所有代表性的玩具，从最简单的铁环到尖端的电脑游戏应有尽有。其中最让人印象深刻的是二楼的室内模型，这是完全按照房间格局来做的，里面有床、桌椅、灶台，甚至卫浴设备，都是精雕细琢，连细小的花边都能看得到。

时间缩短

如果你的时间比较紧，无法保证能在德国待6天，只能待5天或者更少，那么你可以不去海德堡，从慕尼黑附近的天鹅堡游完之后，直接前往美丽清澈的国王湖。

去国王湖 玩1天

国王湖

国王湖(Königssee)位于德国的东南端，是一个以美丽清澈的湖水闻名的湖泊，被认为是德国最干净和最美丽的湖泊。这里的水清澈见底，甚至达到饮用水的标准，岸上有茂密的树林、青翠的山峰，风景如画。

旅游资讯

地址：Königssee 83471 Schönau am Königssee
交通：先从慕尼黑到达贝特斯加登镇，再从镇上坐汽车前往
网址：www.koenigssee.com

旅友点赞

在湖上荡舟，低头就能看到湖底细小的沉木和石砾，水清澈得让人不忍触碰。国王湖周围有连绵的山峰，苍翠的丛林，宁静的民居。在此随便拍一幅照片就能作为明信片，让人感觉像是走进了世外桃源一般，让人久久流连，不忍离去。

186-239

Part 3 德国莱茵河一周游

Part 3 德国莱茵河一周游

德国莱茵河沿岸印象

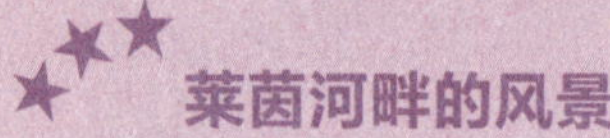

莱茵河畔的风景

美丽的莱茵河就像一条柔美的玉带，串起了法兰克福、波恩与科隆。在这里，你可以去莱茵公园亲近自然，也可以去河边的波恩大学感受独特的氛围，还可以去河边的高楼上极目远眺，俯瞰整个河畔城市的美景。

风格多样的城市

莱茵河沿岸的这些城市虽然“同饮一江水”，却形成了多种多样的风格。其中，法兰克福动感而现代，城内的证券交易所、欧洲中央银行给人一种忙碌的感觉；小城波恩却是另一番景象，宁静而安详；而科隆既有现代感的博览会，又有庄严肃穆的科隆大教堂，结合了二者的风格。

富有趣味的博物馆

德国从来就不缺博物馆，就数量来说这里可能不占优势，不过就趣味性来说，莱茵河畔的博物馆可以说是相当有名。莱茵河沿岸有造型别致的建筑博物馆、沁人心脾的香水博物馆以及让人垂涎三尺的巧克力博物馆。这里博物馆虽多，却从不让你觉得乏味。

欢快的节日盛典

狂欢节是德国一个古老的传统节日，在许多地方都会举行，但莱茵河畔的狂欢节可以说是最值得期待的。节日期间，无论是科隆还是波恩，届时都会有盛大而热闹的游行活动。在热烈的狂欢节歌曲中，装扮鲜艳的花车会沿着大街缓慢前进，整个城市沉浸在一种欢乐的气氛之中。

推荐行程

A 法兰克福 —— 约170千米 —— B 波恩 —— 约30千米 —— C 科隆

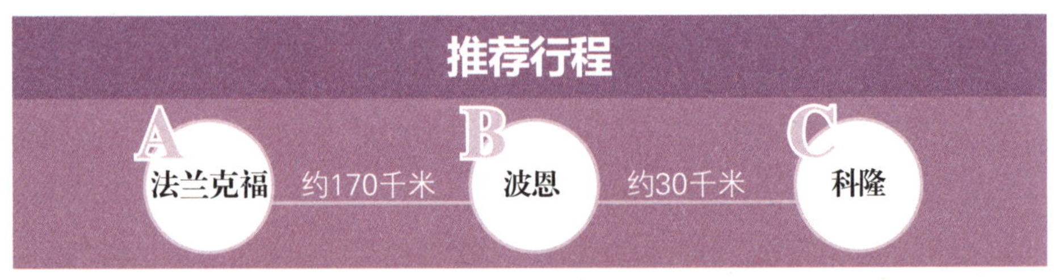

科隆
(Köln)
BC约30千米
波恩
(Bonn)
AB约170千米
法兰克福
(Frankfurt
am Main)
奥尔珀
Olpe
巴特贝勒堡
Bad Berleburg
明希豪森
Münchhausen
维尔
Wiehl
Bad Laasphe
锡根
Siegen
Ewersbach
艾托夫
Eitorf
Rosbach
贝茨多夫
Betzdorf
海格尔
Haiger
格拉登巴赫
Gladenbach
Oberpleis
哈亨堡
Hachenburg
黑博恩
Herborn
Mitte
格拉夫
沙夫特
Grafschaft
辛齐希
Sinzig
韦茨拉尔
Wetzlar
Selters
(Westerwald)
魏尔堡
Weilburg
新维德
Neuwied
Verbandsgemeinde
Montabaur
布茨巴赫
Butzbach
阿德瑙
Adenau
迈恩
Mayen
科布伦茨
Koblenz
Limburg an
der Lahn
乌辛根
Usingen
乌尔门
Ulmen
博帕德
Boppard
伊德施泰因
Idstein
霍夫海姆
Hofheim
am Taunus
吉伦费尔德
Gillenfeld
科赫姆
Cochem
卡斯特劳恩
Kastellaun
洛尔希
Lorch
威斯巴登
Wiesbaden
采尔
Zell(Mosel)

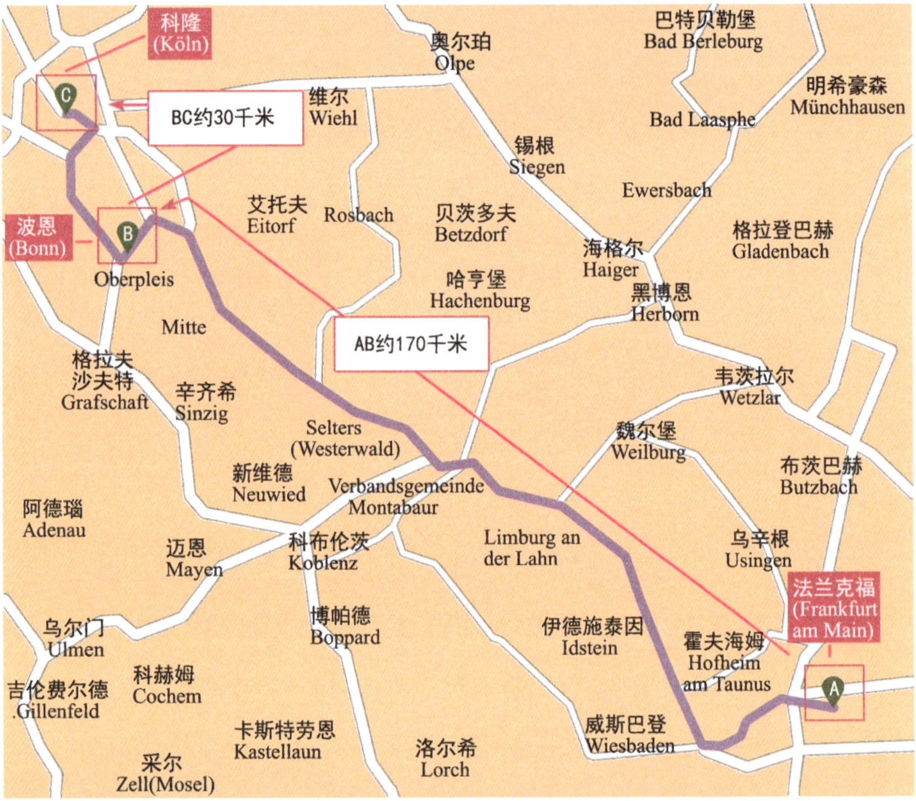

交通方式对比

路线	交通方式	优点	缺点	运行时间
法兰克福—波恩	火车	快速、车次较多	购票麻烦	2～3小时
	自驾	可欣赏美景，自由	需要查询具体路线，熟悉当地交通规则	2小时
波恩—科隆	轻轨	快速、便捷	舒适度较差，路线固定	0.5小时
	自驾	可欣赏美景，自由	需要查询具体路线，熟悉当地交通规则	20分钟

最佳季节

莱茵河沿岸冬季寒冷，春季湿润，气温较低，春秋气候不大明显，冬夏时间较长，所以前往莱茵河沿岸游览的最佳季节是夏秋两季。此时气候适宜，风景优美，可尽情领略莱茵河沿岸的风情。著名的科隆狂欢节在2、3月份，很多人冒着严寒前往，但一定要注意保暖。

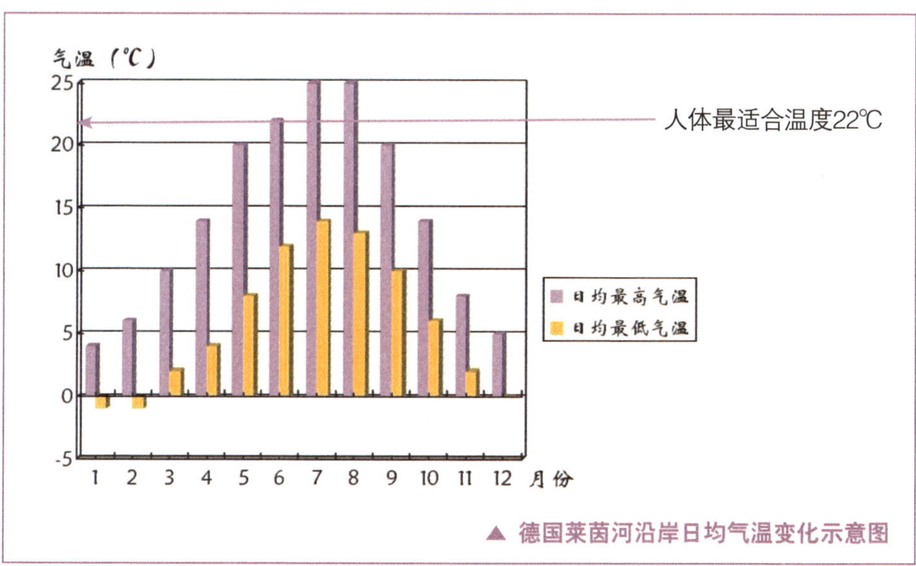

▲ 德国莱茵河沿岸日均气温变化示意图

最佳季节可选衣物

前往莱茵河沿岸游玩，最佳季节是夏秋两季，此时天气转热，一定要注意防晒。夏季衣物以舒适和宽松为主，天气炎热，穿得舒适宽松些，心情也凉爽。秋季早晚温差较大，携带一件轻便的外套是十分有必要的。如果途中有登山等活动，记得携带一双轻便透气的运动鞋。若想参加科隆的狂欢节，轻便暖和的保暖衣物必不可少，另外还要准备好帽子、围巾和手套。

德国莱茵河沿岸最佳季节可选衣物						
衣物种类	6月	7月	8月	9月	10月	11月
呢大衣	√	√	√	√	√	√
外套	√	—	—	—	—	—
运动装（春）	√	√	√	√	√	√
牛仔衫裤	—	√	√	√	√	—
T恤裙装	—	√	√	√	√	—
运动鞋	√	√	√	√	√	√

莱茵河沿岸路线：法兰克福—波恩—科隆6天5夜游

德国莱茵河沿岸6天5夜游			
旅游城市	日期	旅行日程	
法兰克福	Day 1	上午	罗马广场→老市政厅
		下午	法兰克福大教堂→现代艺术博物馆→席勒大街
	Day 2	上午	法兰克福老歌剧院→施特德尔美术馆
		下午	德国电影博物馆→历史博物馆→尼古拉教堂→铁桥
	Day 3	上午	欧洲中央银行→歌德故居
		下午	证券交易所→法兰克福动物园→美因塔
波恩	Day 4	上午	波恩大教堂→贝多芬纪念碑
		下午	贝多芬故居→老市政厅→波恩大学
科隆	Day 5	上午	科隆大教堂
		下午	罗马-日耳曼博物馆→路德维希博物馆→市政厅→霍亨索伦大桥
	Day6	上午	圣马丁教堂
		下午	瓦尔拉夫·理查尔茨博物馆→施纽特根博物馆→巧克力博物馆→三角大楼

到达法兰克福

法兰克福（Frankfurt am Main）是一个商业和文化并重的动感之都。这里有风格各异的博物馆，神秘哥特风格的大教堂、举世闻名的文豪歌德故居等，这些都为现代化的法兰克福增添了一份文艺气息。每年，前来法兰克福的游客数以百万计，除了在此进行短暂的购物之外，等你静下心来，漫步于城市中，你会发现这座城市的另一种风情。

法兰克福作为国际化的大都市，其航空业非常发达，与中国的航空往来也十分密切。北京、上海等地每天都有多趟航班飞往法兰克福。

从中国飞往法兰克福的航班

中国国际航空公司、汉莎航空以及中国东方航空公司都有往返于中国和法兰克福的航班，这些航班多在北京、上海起飞，从国内其他城市前往法兰克福需要转机。

中国飞往法兰克福的航班

航空公司	航空公司电话	城市	单程所需时间	出航信息
中国国际航空 www.airchina.com.cn	中国客服电话 0086-95583 欧洲客服电话 0080086100999（仅供座机）	北京	直达用时约11小时	在首都国际机场T3每天2:00、11:30、13:55有飞往法兰克福机场的航班CA965、CA6221、CA931
		上海	直达用时约13小时	浦东国际机场T211:35、13:50有飞往法兰克福机场的航班CA935、CA6229
		广州	中转加等待时间16~31小时	国航从广州出发到法兰克福的航班最快，要从北京中转
		深圳	中转加等待时间16~26小时	国航从深圳出发到法兰克福的航班最快，要从北京中转
汉莎航空 www.lufthansa.com	中国客服电话 010-64688838 德国客服电话 021-53524999	北京	直达用时约11小时	在首都国际机场T3每天10:30有飞往法兰克福机场的航班LH721
		上海	直达用时约12小时	在浦东国际机场每天13:15、23:35有飞往法兰克福机场的航班LH729、LH733
中国东方航空 www.ceair.com	上海021-95530 法兰克福0049-691338930（工作日9:00～17:00）	上海	直达用时约12小时	在浦东国际机场T1每天00:05有飞往法兰克福机场的航班MU219
备注：以上数据整理于2016年5月				

法兰克福机场位于市中心西南12千米处，是德国最大的国际机场，从机场到市区可乘公交、轻轨、出租车和火车前往。乘火车只需15分钟即可抵达市区的中央火车站和南站，非常便捷，其他方式可参考下表。

法兰克福国际机场与市区交通		
交通方式	时间/费用	交通情况
61路公交车	每30分钟一班	往返于萨克森豪森区的火车南站和一号航站楼
轻轨S8、S9号线	15分钟/3.7欧元	可以在火车总站、Hauptwache、Konstablerwache以及威斯巴登和美因茨下
出租车	20分钟/25～30欧元	22:00至次日6:00费用会高一点

法兰克福3日行程

法兰克福是一个比较大的城市，而且城内景点较多，因此在这里安排了3天的时间。因为城内博物馆众多，为避免行程太过单一，因此没有完全覆盖，如果个人感兴趣的话，可以自行安排时间前往。

罗马广场→老市政厅→法兰克福大教堂→现代艺术博物馆→库勒大街

法兰克福市中心的罗马广场是城市的政治、宗教、商业中心，因此第一天的行程就从这里开始，并一路向东行走，傍晚时到达库勒大街，体验法兰克福的夜景。

法兰克福第1天行程		
时间轴	目的地	行程安排
10:00～11:00	罗马广场	第一站从罗马广场开始，广场附近有很多漂亮的建筑，在这里可以欣赏阳光下的喷泉喷出的美丽水花，开启一天的美好时光
11:00～12:00	老市政厅	老市政厅位于罗马广场的西北角上，是一座颇具特色的建筑，由3座带阶梯山墙的房屋组成。现在是市长办公的地方，也是德国国家足球队凯旋归来和球迷狂欢的地方
12:00～14:00	Paulaner餐厅	逛完老市政厅之后，可以前往法兰克福大教堂，那里非常繁华，有许多餐馆。Paulaner餐厅就在法兰克福大教堂附近，这里提供传统的德国菜肴
14:00～16:00	法兰克福大教堂	法兰克福大教堂是一座高大的哥特式建筑，内部有华丽的装饰，你可以登上主楼的观景台，欣赏教堂周边的美丽景色
16:00～18:00	现代艺术博物馆	这个博物馆并不像它的名字一样现代，而是一个稍显朴素的建筑。馆中除了展出固定的藏品，还会有频繁的艺术展
18:00～20:30	席勒大街	傍晚就来库勒大街吧，这里有各种各样的商店，在此可以买到精美的玻璃器皿和陶瓷制品，也能买到时装、图书等

▲ 法兰克福第1天行程路线示意图

罗马广场

罗马广场（Römerberg）位于老城的中心，是法兰克福的政治、宗教、商业集市的中心。罗马广场有着悠久的历史，可以追溯到中世纪时期，广场虽然在历史进程中曾经被毁，但是经过重建后的广场仍然保持着中世纪的面貌。

旅游资讯

地址：Römerberg, Frankfurt am Main

交通：乘地铁U4、U5线在在Dom/Römer站下车可到

旅友点赞

罗马广场上有各式各样漂亮的建筑，就像用美丽的积木精心搭建的一样。广场上还有一座正义女神的喷泉，传说在古代皇帝加冕的时候，这里喷出的不是水，而是美味的葡萄酒，场面极其壮观。

老市政厅

老市政厅（Rathau）位于罗马广场上，由3座带阶梯山墙的房屋组成，是法兰克福的标志之一。这里曾是神圣罗马帝国皇帝加冕的场所，二楼有个帝王厅(Kaisersaal)，里面悬挂着从查里曼大帝到佛朗茨二世这52个皇帝的画像。现在这里是市长办公的地方，也是德国国家足球队凯旋归来后和球迷狂欢的地方。

旅游资讯

地址：Römerberg 23,Frankfurt am Main

交通：从罗马广场步行即到

门票：成人票2欧元，学生票1欧元

开放时间：10:00～13:00，14:00～17:00（有活动时关闭）

电话：069-21234814

旅友点赞

老市政厅位于罗马广场的西北角上，虽然遭到战火的破坏，但经过重修后，非常壮观。它有着别致的外形，人字形的屋顶呈阶梯状分布。

逛完老市政厅之后，可以前往下一个目的地——法兰克福大教堂，那里非常繁华，有许多餐馆，因此午餐可以在那里解决。

1 Paulaner

Paulaner是法兰克福大教堂附近的一家餐厅，这里提供传统的德国菜肴，如炸肉排等。这里气氛良好，服务员会讲英语，沟通起来比较方便。

地址：Domplatz 6 60311 Frankfurt am Main

交通：从法兰克福大教堂向西步行约350米可到

网址：www.paulaner-am-dom.de

电话：069-20976890

2 Mainkai Café

Mainkai Café是一家精致的餐厅，有着极好的位置，窗外就是美丽的莱茵河景色。这里既有美味的甜点和咖啡，也有清爽的菜肴，而且价格比较实惠。

地址：Mainkai 15 60311 Frankfurt am Main

交通：从法兰克福大教堂往南步行约200米即到

网址：www.mainkaicafe.de

电话：069-26097565

法兰克福大教堂

法兰克福大教堂（Frankfurt Dom）建于14世纪，曾经是德国皇帝加冕的教堂，又称为“皇帝大教堂”（Aiserdom）。教堂的主楼是典型的哥特式风格，为一座高大壮丽的塔楼。

旅游资讯

地址：Domplatz 1,Frankfurt am Main

交通：从火车站步行15分钟可到；或乘地铁在Hauptwache站下车即可

票价：约3欧元

电话：069-2970320

旅友点赞

法兰克福大教堂的主楼是一座高大的哥特式建筑，登上大楼，可见两个分别高40米和75米的观景平台，在观景台上你可以看到教堂周边的美丽景色。教堂南面有一个投票礼堂，那里曾是选举皇帝的地方。教堂西面是历史花园，在那里有一些古罗马和加洛林时期的出土的文物。

现代艺术博物馆

现代艺术博物馆（Museum für Moderne Kunst）位于法兰克福老城中心，两面临街，因其紧凑、完整地占据了市中心的一块三角形地带而被称为“一块蛋糕”。博物馆主要展览从20世纪60年代至今的欧洲和美洲的艺术品。

旅游资讯

地址：Domstr.10, Frankfurt am Main

交通：从法兰克福大教堂向北步行即到

票价：成人票8欧元，优惠票4欧元

开放时间：周二至周日10:00～18:00（周三至20:00）

电话：069-21230447

旅友点赞

虽然这是现代艺术博物馆，但整个建筑却有着朴素平和的特色，其外墙的色彩与整个街道完美融合。馆中除了有固定收藏的Roy Lichtenstein、Claes Oldenburg、Joseph Beuys的作品，还有频繁的艺术展，如果遇上你一定不要错过。

来到法兰克福这样一座大城市，逛街是必不可少的一项活动，因此第一天的晚上就到市中心的席勒大街逛逛吧。

席勒大街

席勒大街（Schiller str）上的商店类型非常多，在这里，你可以买到很多精美的玻璃器皿和陶瓷制品，也能买到时装、图书等。

地址：Almosenberg, 97877 Wertheim, Baden-Wurttemberg
交通：乘坐地铁1、2、3号线在Schweizer Platz站下车可到

Day 2 法兰克福老歌剧院→施特德尔美术馆→德国电影博物馆→历史博物馆→尼古拉教堂→铁桥

在法兰克福的第2天，依然是在市中心活动。你可以从历史悠久的老歌剧院出发，越过美因河，逛一逛博物馆区的几个主要博物馆，然后回到市中心去看看尼古拉教堂。

法兰克福第2天行程		
时间	目的地	行程安排
9:30～10:30	法兰克福老歌剧院	老歌剧院是法兰克福最著名的建筑之一，历史上曾被战火破坏，现在这座歌剧院被人们当作音乐厅和会议中心使用，每到演出季还会上演大型音乐会
10:30～12:00	施特德尔美术馆	施特德尔美术馆因由法兰克福的银行家施特德尔捐资设立而得名，馆中广泛地收集了从中世纪到现代的德国、意大利、荷兰及法国等画家的作品
12:00～14:00	Depot 1899	到了法兰克福博物馆区，可以在附近吃个午饭，Depot 1899是博物馆附近一家地道的德国餐厅，在这里可以品尝到自酿的德国黑啤酒
14:00～16:00	德国电影博物馆	博物馆中除展示电影的发展进程与历史，还收藏有一些经典的老电影，在这里可以了解关于电影的一切
16:00～18:00	历史博物馆	历史博物馆共收藏了近60万件与法兰克福有关的展品，包括艺术收藏馆、纺织品收藏馆、古钱币陈列馆、工艺美术物品以及古旧玩具收藏馆等，展示了法兰克福悠久迷人的历史
18:00～19:00	尼古拉教堂	尼古拉教堂经历过沧桑的历史，几经毁灭而被重建，教堂的尖塔十分引人注目，在此可以看到罗马广场上的热闹景象
19:00～20:00	铁桥	傍晚，你可以去美因河上的铁桥游玩一番，这是法兰克福很经典的一座桥，很值得前往

▲ 法兰克福第2天行程路线示意图

法兰克福老歌剧院

法兰克福老歌剧院（Frankfurt Alte Oper）建于19世纪，是法兰克福最著名的建筑之一。整座建筑呈现多种风格，其外墙是古希腊风格，圆拱形窗户是文艺复兴风格，内部则是富丽堂皇的巴洛克风格。现在这座歌剧院被人们当作音乐厅和会议中心使用，演出季还会上演大型音乐会。

旅游资讯

地址：Opernplatz 1, 60313 Frankfurt am Main

交通：乘地铁U6、U7路线在Alte Oper站下车即可

网址：www. alteoper.de

开放时间：周一至周五10:00～18:30，周六10:00～14:00

电话：069-1340400

旅友点赞

这座歌剧院曾被战火破坏过，重建后有着古朴的外观，乳白色的外墙给人一种安静高雅的感觉。每当夜色降临，里面的灯光亮起来，歌剧院又呈现出与白天不一样的风格。

施特德尔美术馆

美因河南侧博物馆区中汇集了13个不同类型的知名博物馆，施特德尔美术馆（Stadelsches Kunstinstitut）就是其中之一，因该美术馆由法兰克福的银行家施特德尔捐资设立而得名。馆中广泛地收集了从中世纪到现代的德国、意大利、荷兰及法国等画家的作品。

旅游资讯

地址：Schaumainkai 63, 60596 Frankfurt am Main
交通：乘15、16、19路有轨电车在Otto-Hahn-Platz站下车步行即到
票价：周二至周五12欧元，节假日14欧元，12岁以下免票，团体票10欧元（10人）
开放时间：周三、五10:00~21:00；周二、四、六日10:00~18:00；周一闭馆
电话：069-6050980

旅友点赞

美术馆中收藏有许多知名画家的优秀作品，其中比较有代表性的有歌德的肖像画《堪帕涅的歌德》以及拉斐尔、伦勃朗等人的画作。如果你在夜晚来这里漫步，也会收获意外的惊喜。美术馆拱顶上众多的圆灯会开放，将这里照得曼妙无比，艺术感十足。

越过美因河，到了法兰克福博物馆区，那么就可以在附近吃个午饭。施特德尔美术馆附近的餐馆不多，你不妨多走几步，往南走走就能看到许多餐厅。

1 Depot 1899

Depot 1899是一家地道的德国餐厅。餐厅内部装饰得非常得体，服务员讲的一口流利的英语，最受人们喜爱的是这里自酿的德国黑啤酒。

地址：Textorstraße 3360594 Frankfurt am Main
交通：乘坐14、15、16路有轨电车在Brücken-/Textorstraße站下车即到
网址：www. depot1899.de
电话：069-60504799

2 Apfelwein Wagner

Apfelwein Wagner餐厅位于博物馆区，以提供传统的德国大餐为主，尤其是炸猪排，外表酥脆金黄，内部软香鲜嫩，简直色香味俱全。

地址：Schweizer Straße 7160594 Frankfurt am Main
交通：乘坐15、16、19路有轨电车在Schwanthalerstraße站下步行可到
网址：www. apfelwein-wagner.com
电话：069-612565

德国电影博物馆

德国电影博物馆（Deutsches Filmmuseum）同样位于法兰克福的博物馆区，是德国最杰出的电影博物馆。博物馆中除了展示电影的发展进程与历史，还收藏有一些经典的老电影。在博物馆公共电影院经常会有首映式以及一些特别的电影活动。

旅友点赞

在这里你可以了解关于电影的一切，其中一楼的展馆中保存着电影发展史上的重要器具，包括埃米尔·雷诺1882年的“实用镜（Praxinoscope）”；爱迪生1889年发明的活动电影放映机（Kinetoscope）；卢米埃兄弟1895年发明的“电影机（Cinematographe）”的复制品等。

旅游资讯

地址：Schaumainkai 41 D-60596 Frankfurt am Main

交通：乘地铁在Schweizer Platz站下车步行可到

票价：成人2.5欧元；儿童及学生1.3欧元

开放时间：周二、周四、周五10:00~17:00；周三、周日10:00~19:00；周六14:00~19:00；周一关闭

历史博物馆

自1878年开始，历史博物馆（Historisches Museum）共收藏了近60万件与法兰克福城市历史有关的展品，其中有1120年的萨尔豁夫礼拜堂、“从行宫到早期的城市”“中世纪后期的法兰克福”“法兰克福的历史解剖”“从中世纪到今天的历史”等展品，展示了法兰克福悠久迷人的历史。

旅游资讯

地址：Saalgasse 19, Frankfurt am Main

交通：乘坐地铁4、5号线在Dom/Römer站下车步行即到

票价：成人价4欧元，优惠价2欧元

开放时间：周二至周日10:00~18:00（周三至21:00）

电话：069-21235599

旅友点赞

历史博物馆中有着丰富多样的藏品，主要包括收藏油画和版画的艺术收藏馆、纺织品收藏馆、古钱币陈列馆、工艺美术物品以及古旧玩具收藏馆等，其中最吸引人的是摆放在门厅里的自20世纪30年代以来法兰克福的城市模型，每个细节都特别逼真。

尼古拉教堂

尼古拉教堂（Alte Nikolaikirche）位于罗马广场附近，是一座有着沧桑历史的教堂。它曾经毁于战火，还原后的教堂是后期哥特式的建筑，有着尖尖的塔顶，在教堂的楼顶上可以看到罗马广场上的热闹景象。

旅游资讯

地址：Römerberg 11, Frankfurt am Main

交通：乘坐地铁4、5号线在Dom/Römer站下车步行即到

网址：www. paulsgemeinde.de

开放时间：9:00～17:00

电话：069-284235

旅友点赞

尼古拉教堂有着尖尖的塔顶，外观呈红白相间的颜色，看起来就像一支立着的彩笔，十分有趣。但是教堂的内部特别安静，能让人的心沉静下来。尼古拉教堂还有一个重要的作用，即举世闻名的法兰克福国际图书博览会每年11月就是在这里举行。

转了一天的博物馆，你可能会被馆中那些多种多样的藏品弄得眼花缭乱。在夕阳西下的时候，不妨到美因河上的铁桥上放松一下眼睛和心情。

1 铁桥

铁桥（Eiserner Steg）横跨在美因河上，连接了法兰克福的南岸和北岸。这是一座新哥特式风格的钢架结构人行桥。桥的一侧是繁忙的老城区，另一侧有许多漂亮别致的建筑，在这里，你可以拍到法兰克福的很多美景。

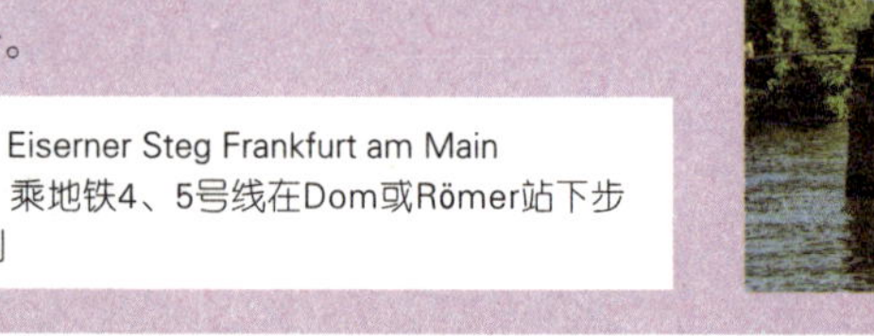
地址：Eiserner Steg Frankfurt am Main

交通：乘地铁4、5号线在Dom或Römer站下步行即到

Day 3 欧洲中央银行→歌德故居→证券交易所→法兰克福动物园→美因塔

前2天的时间，差不多逛完了法兰克福市中心的主要景点，第3天就走的远一些，先去往市中心北部的证券交易所，然后再去更远一些的动物园，晚上回到市区的美因塔边吃晚餐边欣赏法兰克福的夜景。

法兰克福第3天行程		
时间轴	目的地	行程安排
10:00 ~ 10:30	欧洲中央银行	欧洲中央银行位于法兰克福繁忙的市中心，周围有很多建筑，充满了现代感。到了这里一定记得跟门口那个著名的欧元标志合个影
10:30 ~ 12:00	歌德故居	歌德故居是一座黄红相间的楼房，是德国诗人歌德出生的地方，故居内保存着歌德当年在这里生活时的用具，最大的看点是歌德使用过的书桌和顶层的图书馆
12:00 ~ 14:00	Salzkammer	歌德故居周围有很多咖啡馆和餐厅，你可以在这里吃过午饭之后再去证券交易所。Salzkammer是一家地道的德国餐厅，很受游客欢迎
14:00 ~ 15:00	证券交易所	证券交易所是欧洲乃至世界上最繁忙的证券交易所之一。交易所对面的广场上有一座"牛市和熊市"的雕塑，是游客必到的合影之处
15:00 ~ 18:00	法兰克福动物园	法兰克福动物园拥有超过600种动物，在这里，你可以看到蝙蝠和非洲食蚁兽等不常见的动物。动物园干净整洁，格局很好
18:00 ~ 20:00	美因塔	逛完动物园，还是要回市中心。这时你可以前往高大的美因塔，在那里你不仅可以登上塔顶观赏城市夜景，还能在附近的餐厅饱餐一顿

▲ 法兰克福第3天行程路线示意图

欧洲中央银行

欧洲中央银行（Europaische Zentralbank）位于法兰克福繁忙的市中心，周围高楼林立，景观设计很有现代感。它是市区中一个重要的地标性建筑，也是法兰克福作为欧洲金融中心之一的象征性建筑。

旅游资讯

地址：Kaiserstraße 29, 60311 Frankfurt am Main

交通：乘坐11、12路有轨电车在Willy-Brandt-Platz站下车后步行即到

网址：www.ecb.int

电话：069-13440

旅友点赞

欧洲中央银行周围有许多高大的建筑，给人一种时尚现代的感觉。门口有经常在电视上出现的著名的欧元标志，游人来到这里总要跟这个标志合影。

歌德故居

歌德故居（Goethe House）是著名德国诗人歌德出生的地方，歌德在此度过了他的童年、少年及一段青年时光。歌德故居位于市中心的Grosser Hirschgraben大街上，是一座18世纪风格的黄红相间的楼房。故居中保存着歌德当年在这里生活时的用具，其中最大的看点是歌德使用过的书桌和顶层的图书馆。

旅游资讯

地址：Großer Hirschgraben 23-25, 60311 Frankfurt am Main

交通：乘坐11、12路有轨电车在Römer/Paulskirche站下车步行即到

网址：www.goethehaus-frankfurt.de

票价：成人票5欧元，学生票2.5欧元

开放时间：10月至次年3月周一至周五9:00～16:00，周六、周日10:00～16:00；4月至9月周一至周五9:00～18:00，周六、周日10:00～16:00

旅友点赞

歌德故居的正门在一条小路上，显得比较低调。整座房子一共有4层，它的每一层都展示着当年的场景照片。其中，一层是厨房和餐厅，比较奢华，能看出主人的生活品质；二层是音乐室；三层有歌德出生的房间，还有精致的天文钟；四层是歌德居住的房间和图书馆。

Tips

歌德全名为约翰·沃尔夫冈·冯·歌德（Johann Wolfgang von Goethe，1749.8.28~1832.3.22），德国著名的思想家、作家、科学家，其中他最为世人所熟知的身份便是作家。它被认为是世界文学领域一个出类拔萃的人物，代表作有《少年维特之烦恼》《浮士德》等。

歌德故居所处的地段比较繁华，周围有很多咖啡馆和餐厅，你可以在这里吃过午饭之后再去证券交易所。

1 Salzkammer

Salzkammer 就在歌德故居附近，是一家地道的德国餐厅。这里的炸肉排外酥里嫩，而苹果口味的提拉米苏清爽可口，很受游客的欢迎。

地址：Weißadlergasse 1560311 Frankfurt am Main

交通：从歌德故居向东北方向走约70米可到

网址：www. salzkammerffm.de

电话：069-15393000

2 Cafe Karin

Cafe Karin距离歌德故居非常近，步行不到一分钟即可到达。在这里，你可以在室内或者在室外就餐，餐厅服务迅速，服务员会说英语，不用担心点餐问题。

地址：Großer Hirschgraben 2860311 Frankfurt am Main

交通：从歌德故居向北行约20米可到

网址：www.cafekarin.de

电话：069-295217

证券交易所

证券交易所（Deutsche Börse）建于19世纪，是欧洲乃至世界上最繁忙的证券交易所之一。这是一座新古典主义的列柱建筑，门廊装饰有五大洲的寓言雕像。交易所的对面有一个广场，广场上有一座题为“牛市和熊市”的雕塑，是游人必到的合影之处。

旅游资讯

地址：Börsenplatz 4, 60313 Frankfurt am Main

交通：乘地铁1、2、3号线等在Haupwache站下车可到

网址：www.deutsche-boerse.com

开放时间：周一至周五10:30～13:00

电话：069-2110

旅友点赞

证券交易所位于Börsenplatz大街上，周围遍布各大银行，给人一种很繁忙的感觉。证券交易所前的“牛市和熊市”的雕塑是最吸引游人的地方，牛，威风凛凛；熊，胆小怯懦，寓意为牛市势不可挡。每个人来了都要摸一摸雕塑，因而雕塑已经被摸得发亮了。

法兰克福动物园

法兰克福动物园（Frankfurt Zoo）位于法兰克福市中心以东，是现今欧洲最大的动物园之一。动物园建立于19世纪中叶，占地面积很大，里面拥有超过600种动物，而且园内的格局非常好，干净整洁。

旅游资讯

地址：Bernhard-Grzimek-Allee 1, 60316 Frankfurt am Main

交通：乘地铁6、7号线在Zoo站下车可到

网址：www.zoo-frankfurt.de

票价：成人8欧元，儿童 4欧元，家庭票20欧元

开放时间：夏季9:00～19:00，冬季9:00～17:00

旅友点赞

法兰克福动物园虽然不如柏林的动物园大，但却是一个很有特色的动物园。这里有欧洲最大的夜行动物房，很多来自非洲和南美洲动物在这里可以看到蝙蝠和非洲食蚁兽等在不常见的动物。整个动物园都非常干净，没有异味，可以让你很舒适地游览。

逛完动物园，还是要回市中心，这时你可以前往高大的美因塔，在美因塔，你可以登塔眺望法兰克福的美丽夜景。想感受无与伦比的浪漫，就到这里的餐厅吃点美食感受一下吧！

美因塔

地址：Neue Mainzer Straße 52–58，60311 Frankfurt am Main
交通：乘坐S1–6、S8、S9在Taunusanlage站下车可到
网址：www.maintower.helaba.de
票价：成人6.5欧元，学生4.5欧元，家庭票17.5欧元（包括2个大人2和2个6～12岁儿童）
开放时间：夏季周日至周四10:00～21:00，周五、周六10:00～23:00；冬季周日至周四10:00～19:00，周五、周六10:00～21:00

美因塔（Main Tower）高约200米，是法兰克福众多高大的建筑物中很有特色的一座。美因塔于2000年开放，开放之后即成为很受游客喜爱的景点之一。你可以乘坐电梯登上塔顶的观景台，观看法兰克福的美景。

旅友点赞

这是欧洲第一座全部以玻璃装饰的高层建筑，非常壮观。乘坐电梯可以直达顶层，这里的观景台是俯瞰整座城市的最佳角度，你可以将美丽的教堂，荡漾的美因河等一切美景尽收眼底。尤其是夜幕降临的时候，天际颜色变幻，城市中霓虹亮起，别有一番风情。

Tips

为保证登顶安全，工作人员在美因塔的一层会对游客进行安全检查。因而游客注意出游时不要携带危险物品，以免耽误游玩。

如果多待一天

作为一个国际化的大都市，3天的时间游玩法兰克福不算太多，如果你有充足的时间，不妨在法兰克福多待一天，让你对这座古老而现代的城市多一分了解。

为了不使行程太过单调，3天的行程中并没有安排完所有的博物馆。其实这些博物馆也是各有千秋，如果感兴趣的话，在多一天的时间里可以转一转这里的博物馆以及其他没来得及玩的地方。

1 德国建筑博物馆

德国建筑博物馆（Deutsches Architekturmuseum ）位于博物馆区，这座有着洁白外观的建筑共有3层，采用了独特的“楼中有楼，房内有房”的设计手法。博物馆里一共收集约18万副建筑计划、建筑施工图和600件左右建筑模型。此外，这里还有一个图书馆，可以说是全欧洲研究建筑与建筑史的最好去处。

地址：Schaumainkai 43, 60596 Frankfurt am Main
交通：乘U-Bahn到Schweizer Platz站下车步行可到
票价：成人票6欧元，学生票3欧元
电话：069-21238844

2 应用艺术博物馆

地址：Schaumainkai 17, 60596 Frankfurt am Main
交通：乘U-Bahn到Schweizer Platz站下步行可到
票价：成人票5欧元，优惠价2.5欧元
开放时间：周二、周四至周日10:00～17:00，周三10:00～21:00
电话：069-21234037

应用艺术博物馆（Museum für Angewandte Kunst）同样位于博物馆区，是德国六大工艺美术博物馆之一，在国际上具有很高的地位。博物馆展示了从12世纪至今来自世界各地的藏品。在这里，你可以欣赏到用木材、象牙、羊毛、瓷器、玻璃、琥珀、橡胶、塑料、金银等各种材料制成的艺术品。

3 犹太公墓

犹太公墓（Alter Jüdischer Friedhof）位于市中心比较繁华区域的一个拐角，在喧闹的市中心独守一份安静。公墓的纪念墙上镶嵌着许多方形的金属盒，上面刻有屠杀犹太人期间遭到杀害的法兰克福犹太人的名字。

地址：Rat-Beil-Straße 10，60320 Frankfurt am Main
交通：从现代艺术博物馆向东步行即到
网址：www.jg-ffm.de
电话：069-21270790

4 圣保罗教堂

圣保罗教堂（Paulskirche）位于罗马广场附近，这里发生过很多重要的历史事件。第一届法兰克福国会就在这里举行，德国第一部统一宪法也是在这里诞生，因此圣保罗教堂可以说是法兰克福最具历史意义的建筑物。现在，这里不仅是宗教活动的场所，也是许多重要政治、文化活动的举办场所。

地址：Paulsplatz 11,Frankfurt am Main
交通：乘U4、U5在Dom或者Römer站下车可到
开放时间：周一至周五10:00 ~ 17:00
电话：069-21234920

5 法兰克福展览中心

法兰克福展览中心（Messe Frankfurt Torhaus）总面积40万平方米左右，是世界第三大展览中心。展览中心由10个大厅组成，每年都会举办50多场展览会，有书展、汽车展、春秋两季消费品展等。

地址：Ludwig-Erhard-Anlage 1, 60327 Frankfurt am Main
交通：乘16、19路有轨电车在MesseFrankfurt站下车步行即到
网址：www.messefrankfurt.com
票价：9欧元
开放时间：9:00 ~ 18:00
电话：069-75750

法兰克福有着独特的美食文化，其中最具当地特色的美食有口味酸爽的苹果酒（Ebbelwoi）和芝士洋葱配面包（Handkäse mit Musik）。这座城市的美食融合了多元化的元素，从中餐到墨西哥菜应有尽有。在这里，你还可以品尝到来自世界各地的美食。

1 Restaurant Druckwasserwerk

这是一家非常有意思的餐厅，是由一个老电站改造而成，人们在“涡轮大厅”中吃饭，有着轻松自在的氛围。餐厅提供地道的法兰克福美食，如法兰克福香肠和苹果酒等。

地址：Rotfeder-Ring 16,Frankfurt am Main
交通：乘S3、S5路车在Galluswarte站下车步行即到
电话：069-256287700

2 Zum Storch am Dom

这家餐厅最初记录时间可以追溯到1317年，相传著名诗人歌德经常光顾这里。这家餐厅虽然历史悠久，但菜式却是非常朴素亲民，简单中透着不凡。

地址：Saalgasse 5, 60311 Frankfurt am Main
交通：罗马广场附近，可步行前往
网址：www.zumstorch.de
电话：069-284988

3 Vinum

Vinum是一家由葡萄酒窖改造而成的餐厅，在当地很有名气。整个餐厅从外到内都充满了浓浓的复古气息，让人仿佛回到了19世纪。餐厅内有各种精心挑选的葡萄酒，连食物都是配合葡萄酒制成的。

地址：Kleine Hochstraße 9, 60313 Frankfurt am Main
交通：乘地铁6、7号线在Alte Oper站下车步行可到
网址：vinum-frankfurt.de
电话：069-293037

4 翠园餐厅

翠园餐厅（Jade-Magic Work）是当地一家中餐馆，如果你在德国想要回味一下家乡味道的话，可以到这里来。餐厅提供各种中式炒菜，有麻婆豆腐、地三鲜等，主要以广东风味为主。

地址：Moselstrasse 25，60329 Frankfurt am Main
交通：乘地铁4、5号线在Frankfurt Hauptbahnhof站下车步行可到
营业时间：11:30～23:00
电话：069-27135988

法兰克福虽然没有知名的购物地，但是对于游客来说，仍是可以满足对购物的各种需求。法兰克福的购物地主要集中在蔡尔步行街（Zeil）、歌德大街（Goethestraße）以及席勒大街（Schiller str）一带，在这里你会看到高档时装店、大型购物中心以及一些出售特色商品的小商店等。在博物馆大堤一带，每周六上午都会有热闹的跳蚤市场，在那里你可以买到各种小百货、古董以及纪念品等。

1 蔡尔大街

地址：Zeil Frankfurt am Main
交通：乘地铁4、6号线在Konstablerwache站下车步行即到

蔡尔大街（Zeil）是法兰克福最大的一条商业大街，这里有巨大的百货商场和购物中心，各种小商店也是鳞次栉比。在这条街上，你既可以买到高档的时装，也可以买到精致的小商品以及日用百货等。街上GALERIA购物中心的导购指示牌，是中英文对照，非常方便。

2 维尔特海姆购物村

维尔特海姆购物村（Wertheim Village）是个理想的购物天堂。这里的环境非常漂亮，建筑极具特色，给人一种梦幻般的感觉；这里聚集了110多个奢侈时尚精品店，几乎囊括了世界上各种有名的奢侈品。这里的商店常年提供非常大的折扣，每年冬夏两次清仓大行动也吸引了不少游客专程而来。

地址：Almosenberg, 97877 Wertheim
交通：每年4~10月浪漫之路巴士从法兰克福主要火车站发往购物村；如果自驾车可在A3高速Frankfurt-Würzburg 66号出口下；或乘火车从法兰克福到购物村，2小时一班
网址：www.wertheimvillage.com

作为一个国际化大都市，这里充满活力。来到这座城市，你可以去看一场高质量的电影，或者去萨克森街中的某个酒吧边听演奏边享用纯正的德国啤酒，还可以根据自己的爱好去找一家俱乐部，让自己的心情得到最大的放松。

1 Cinestar Metropolis

Cinestar Metropolis是当地一家电影院，这里有着高质量的音响设备，给人以意想不到的享受。这家电影院最大的特点是事先不让你知道要播什么电影，但肯定是最新上市的，这样带给人一种神秘感。

地址：Eschenheimer Anlage 40，60318 Frankfurt am Main
交通：乘坐地铁U1、U2、U3号线在Eschenheimer Tor站下车可到
网址：www.cinestar.de
电话：0451-7030200

2 Tigerpalast

Tigerpalast在当地享有很高的知名度，是一家宫殿酒吧，有着极好的环境和氛围。自1988年以来，这里就经常上演一些国际性的文艺节目。不过，酒吧经常爆满，如果想要欣赏节目，需要提前预约。

地址：Heiligkreuzgasse 16-20,Frankfurt am Main
电话：069-9200220

3 Apfelwein Solzer

Apfelwein Solzer是一家传统的法兰克福苹果酒酒馆，除了苹果酒外，这里的法兰克福传统美食也大受欢迎。由于餐厅火爆，建议提前预订。

地址：Berger Strasse 260, 60385 Frankfurt am Main
电话：069-452171

法兰克福住行攻略

法兰克福既是现代化的大都市，又是著名的旅游城市，因此在这里无论住宿还是出行都非常方便。

法兰克福的住宿类型众多，如果想要住的经济些，可以选择远离市区和景区的酒店，一般店内设施齐全，价格比市区优惠。如果想要距离景区近，交通方便，可选择在火车总站附近寻找，这里酒店档次齐全，应有尽有，一定能满足你的各种需求。

① 法兰克福威斯汀大酒店

法兰克福威斯汀大酒店（The Westin Grand Frankfurt）位于法兰克福市中心的蔡尔大街上，购物比较方便。酒店提供健身房和带室内游泳池的大型SPA，在公共区域有免费无线网络。该酒店有3个餐厅，其中一家餐厅提供中式特色早餐。需注意，该酒店为禁烟酒店。

地址：Konrad-Adenauer-Straße 7，Frankfurt
网址：www. westingrandfrankfurt.com
参考价格：双人间200欧元起
电话：069-29810

② 德姆酒店

德姆酒店（Hotel am Dom）位于法兰克福大教堂附近，是一家由德国家庭经营的酒店。酒店内提供免费无线网络、自助早餐，客房内配有传统家具、办公桌以及现代浴室。

地址：Kannengießergasse 3,Frankfurt am Main
网址：www. hotelamdom.de
参考价格：单人间约90欧元，双人间约120欧元，公寓约130欧元
电话：069-282141

法兰克福其他住宿地推荐

名称	地址	电话	网址	费用
Frankfurt Marriott Hotel	Hamburger Allee 2，Frankfurt	069-79550	www.marriott.com	双人间200欧元起
Hotel Falk	Falkstraße 38,Frankfurt am Main	069-71918870	www.hotel-falk.de	单人间约100欧元 双人间约130欧元
Hotel Hamburger Hof	Poststraße 10-12,Frankfurt am Main	069-27139690	www.hamburgerhof.com	单人间约80欧元 双人间约100欧元
Hotel Carlton	Karlstraße 11,Frankfurt am Main	069-2418280	www.carlton-frankfurt.de	单人间约50欧元 双人间约70欧元
Frankfurt Hostel	Kaiserstraße 74,Frankfurt am Main	069-2475130	www.frankfurt-hostel.com	床位20～30欧元 单人间30～55欧元 双人间45～75欧元

在法兰克福出行非常方便，如果你安排的观光景点比较集中，可以租一辆自行车；如果只游玩市内主要景点，可以乘坐观光巴士，或者地铁、轻轨等，还有一种极具特色的观光列车供你选择；如果想要去附近的小城游览，也可以自己租车前往。

法兰克福通卡

法兰克福公共交通系统使用同一种车票。这种车票很好买，几乎每个站点附近都有绿色的自动售票机，而且每个自动售票机都有6种语言版本的区域地图。法兰克福除公交车可以直接付钱给司机外，其他交通工具都是上车前买票，一旦发现逃票，将处以罚款。

如果你想简化买票程序，可以在旅游局买一张通卡Frankfurter Tageskarte（Frankfurt Card）。这张卡可以在法兰克福内乘坐任何公共交通工具，去指定的博物馆还可以享受折扣。这种卡的有效期是一天，在购买当天晚上24:00后失效。如果想要了解更多关于法兰克福交通信息，可联系旅游局RMV（01805-7684636），或访问网站 www.rmv.de。

出租车

法兰克福的出租车较为普遍，你可以到街边的出租车停靠点等车，也可以拨打电话069-545011、069-230033或069-250001叫车。法兰克福的出租车晚上的起步价为2.5欧元，白天的起步价则是2欧元，之后每千米增加1.4～1.55欧元，具体根据当时的时间段决定。

观光列车

在法兰克福，有一种观光列车叫做Ebbelwei Express（苹果酒专列）。你可以坐在列车上一边品尝着美酒，一边环绕罗马广场、法兰克福动物园等景点。这是一列由老式列车改造而成的观光列车，车身通体红色，车厢上描绘着歌德醉卧图以及法兰克福的名胜古迹，内部装饰成酒吧风格，非常有特色。

地址：上车地点在列车总站、罗马广场等市内列车的停靠站

电话：069-21322425

地铁

法兰克福市内有8条地铁线，地铁入口处有明显的蓝色U字母的标志。地铁站的信息屏上会很清晰地标识出地铁到达的目的地。另外，地铁站会提供清晰的路线示意图，方便乘客识别方向。每条线路的具体运营时间以地铁站内信息为准。

轻轨

轻轨的路线相对比地铁路线更复杂一些，而且可以到达法兰克福周边的一些城市，如维斯巴登、美因茨和达姆等。法兰克福共有9条轻轨线，轻轨的入站口为清晰的黄绿色S标志，轻轨有时会与地铁共用一个入口。所以在乘坐之前一定要注意看清轻轨示意图，以免乘错。乘轻轨出行时，需注意上下车时要按门上的按钮，车门才会打开。

自行车

在法兰克福有很多自行车步道供游客观光景色，所以骑自行车不失为一种极好的出行方式。寻找自行车行车道并不难，只要留心街道中那些比较醒目的红白相间带有DB字母的标志即可。你可以通过网址：www.callabike-interaktiv.de/index.php进一步了解详细信息。

租车

法兰克福有很多租车公司，如Avis、Hertz、Europcar等大型租车公司。租车时有以下要求：1.租车人需手持驾驶者本人护照；2.驾驶者本人需提供中国驾照以及德文翻译件；3.驾驶者本人需要提供足够额度的，双币结算信用卡。

在法兰克福租车应注意：尽可能不要超过约定还车时间，如果推迟还车时间，应该及时向租车公司告知情况。另外，还完车之后建议将租车文件和相关单据保留至少28天，以便核对信用卡结算结果。

从法兰克福至波恩

波恩距离法兰克福约170千米，你可以乘坐火车到达波恩。如果乘坐普通列车，票价约40欧元，用时约3个小时。如果乘坐高速列车ICE，费用在70欧元左右，时间约2小时。你也可以选择自驾，从法兰克福到波恩油费约15欧元，用时约2小时。

到达波恩

波恩没有大城市的热闹与喧哗，到处都是茂盛的树木和碧绿的草地，宁静而清新。波恩是贝多芬的故乡，这也为其增添了一份艺术气息。城中有壮丽的波恩大教堂，清澈的莱茵河水像缎带一样从波恩城边缓缓流过，整座城市呈现出一派田园风情。

如何到市区

波恩火车站（Bonn Hbf）位于波恩市中心，距离热闹的大教堂广场只有300米左右的距离，因此你可以步行前往。

波恩1日行程

波恩整个城市不大，而且市内的景点也相对较少，因此在这里只安排了一天的时间进行游玩。

Day 4 波恩大教堂→贝多芬纪念碑→贝多芬故居→老市政厅→波恩大学

到达波恩之后，以市中心的大教堂广场为出发点，先去不远处的贝多芬故居，再折回到集市广场上的老市政厅，最后在波恩大学欣赏小城的落日霞光。

波恩1日行程		
时间	目的地	行程安排
09:30～11:30	波恩大教堂	波恩大教堂位于波恩市中心的大教堂广场上。教堂融合了罗马与哥特风格，堪称中世纪教堂建筑艺术的典范
11:30～12:00	贝多芬纪念碑	贝多芬纪念碑位于大教堂广场上，贝多芬雕像高高站立、栩栩如生
12:00～14:00	Café Müller-Langhard	繁华的市区有很多餐馆，Café Müller-Langhard餐厅有着深色的木质装修，坚固的桌椅与白色的桌布，给人一种年代久远的复古感
14:00～16:00	贝多芬故居	贝多芬故居在一座外形普通的民居内，贝多芬曾经在这里生活，现在被开辟为贝多芬纪念馆，馆内有多个展览室，收藏着跟贝多芬有关的各种物品
16:00～17:00	老市政厅	波恩老市政厅位于城中三角形的集市广场中，曾经历两次战争破坏，而后得到及时修复。现在的老市政厅是一座巴洛克风格的建筑，墙上有着金色的浮雕，庄严大方
17:00～19:00	波恩大学	波恩大学坐落在莱茵河畔，许多名人都曾在这里学习，其中最著名的就是1835年在这里学习法律的马克思以及1819年夏季学期在法律系注册的诗人海涅
19:00～20:30	Zone Blues Bar	夜幕降临，你可以去市里的酒吧体验一下这座城市的热情。这家酒吧气氛欢快，来此喝上两杯，亲身体验下波恩的夜生活

贝多芬故居(Beethoven-Haus)
老市政厅(Altes Rathaus)
波恩大教堂(Bonner Münster)
波恩大学(Vniver sitaet Bonn)
AB约0.5千米，步行约7分钟
BC约0.3千米，步行约5分钟
CD约0.4千米，步行约6分钟

▲ 波恩1日行程路线示意图

波恩大教堂

波恩大教堂（Bonner Münster）位于波恩市中心的大教堂广场上，它将罗马建筑风格与哥特建筑风格完美融合，是中世纪教堂建筑艺术的重要代表作之一。在神圣罗马帝国历史上，国王卡尔六世和弗里德里希四世就在是这里加冕的。

旅游资讯

地址：Münsterplatz 18 53111 Bonn

交通：从波恩火车站出来，从火车站北边的Poststr.路走300米就可以走到大教堂

票价：免费

开放时间：周一至周六8:00～19:00，周日9:00～20:00

电话：0228-985880

旅友点赞

大教堂不仅融合了罗马与哥特式的建筑风格，里面还有一尊海伦娜青铜雕像和两座大理石祭坛，周围环绕的则是充满浪漫主义色彩的巴洛克式雕刻与壁画。大教堂的顶上是一座90多米高的正方形尖塔心。

贝多芬纪念碑

旅游资讯

地址：Münsterplatz, 53111 Bonn

交通：从波恩大教堂步行可到

旅友点赞

波恩作为贝多芬的故乡，人们深深以贝多芬为荣，这在这座纪念碑上得到了充分的体现。纪念碑的草图由当时的雕刻家、德累斯顿艺术学院的Ernst Haehnel教授绘制，雕刻工作则是由雕刻家、青铜铸造师Erzgiesser完成。在落成典礼上，当时的普鲁士国王弗里德里希四世、英国维多利亚女王、萨克森科堡公国的阿尔伯特王子等人物都出席了典礼。

贝多芬纪念碑（Beethove-Denkmal）是一座贝多芬的雕塑，高高站立的贝多芬，右手拿笔，左手执乐谱，眼神望向远方，似乎深深陷入对作品的构思。人来人往的大教堂广场上因为有了这座雕塑多了些文艺气息。

从大教堂广场到贝多芬故居都位于繁华的市区，周围有很多餐馆，中午的时候就在路上找个地方吃午饭吧。

1 Café Müller-Langhard

Café Müller-Langhard是一家有着悠久历史的咖啡馆，深色的木质装修，坚固的桌椅与白色的桌布给人一种年代久远的复古感。

地址：Markt 36 53111 Bonn
交通：从大教堂广场向东北步行约300米可到
网址：www. mueller-langhardt.de
电话：0228-637446

2 Tacos

Tacos位于波恩市中心，这里主要提供墨西哥风味的菜肴，有着周到的服务，动听的音乐，合理的价格，最受欢迎的是鸡尾酒。

地址：Bonngasse 7 53111 Bonn
交通：从大教堂广场向北步行约350米可到
网址：www. tacos-bar.de
电话：0228-655185

贝多芬故居

贝多芬故居（Beethoven-Haus）位于波恩城北，在一座外形普通的民居内。贝多芬曾经在这里生活了22年，现在这里已经被开辟为贝多芬纪念馆。馆内有多个展览室，收藏着跟贝多芬有关的各种物品，包括贝多芬的家史、教堂洗礼证书、用过的钢琴、提琴等乐器以及简陋的耳聋助听器等。其中，最引人注目的是交响乐第6号作品《田园》以及钢琴奏鸣曲《月光》等乐谱。

旅游资讯

地址：Bonngasse 24-26 53111 Bonn

交通：乘坐62、66、67路有轨电车在Bertha-von-Suttner-Platz 或Beethoven-Haus站下车可到；或乘坐529、540、550、602等路公交车在Bertha-von-Suttner-Platz 或Beethoven-Haus站下车可到

票价：4欧元

开放时间：周一至周六10:00~18:00；周日11:00~18:00

电话：0228-9817525

旅友点赞

贝多芬故居位于一片民居之中，与周围的民房区别不大，如果不留神可能就错过了。据说在19世纪末，当故居面临被拆除的威胁时，是波恩的12位市民将房屋买下来，才有了现在的纪念馆。馆中有贝多芬的半身塑像，每3年这里就会举行一次贝多芬节，到时候会有很多德国有名的艺术团体前来献艺。

老市政厅

老市政厅（Altes Rathaus）位于波恩城中三角形的集市广场中。自建成至今的700多年间，曾两次遭到战争破坏，不过都得到了及时的修复。现在的老市政厅是一座巴洛克风格的建筑，墙上有着金色的浮雕，庄严大方。

旅游资讯

地址：Old City Hall, Markt 2, 53111 Bonn

交通：从贝多芬故居向南步行约300米可到

网址：www. bonn.de

旅友点赞

老市政厅属于巴洛克风格，外观是漂亮的粉红色，带有金色和银色的装饰，非常华丽。老市政厅曾经还接待过世界上许多显赫的人物，戴高乐、肯尼迪等都曾在这里的双面楼梯上向群众挥手致意。

波恩大学

波恩大学（Universitaet Bonn）坐落在风景如画的莱茵河畔，原来本是选帝侯的宫殿，19世纪初才被改建为波恩大学。波恩大学与德国的许多名人都有剪不断的关系，其中最著名的就是1835年在这里学习法律的马克思以及1819年夏季学期在法律系注册的诗人海涅。

旅游资讯

地址：Regina-Pacis-Weg 3, 53113 Bonn
交通：从老市政厅向东南步行约200米即到
网址：www. uni-bonn.de

旅友点赞

波恩大学因其辉煌的历史而为世人所知，抛开这些名人校友不谈，单单学校本身也极具吸引力。同德国所有高校一样，波恩大学没有围墙，各个学院分散在城市的各个角落。站在校园的草坪上，看着来来来往往的学子，你会感觉自己仿佛也回到了学生时代。

白天的波恩小城给人一种安静的感觉，但并不意味着这里的晚上也是如此。夜幕降临时，你可以去市里的酒吧体验一下这座城市的热情。

Zone Blues Bar

Zone Blues Bar是波恩一家很受欢迎的酒吧。这里有着欢快的气氛，动听的音乐，醇香的美酒，周到的服务，你可以在这里度过一个愉快的晚上。

地址：Maxstraße 2, 53111 Bonn
网址：www. zone-bonn.de
电话：0228-695757

如果多待一天

一天的波恩之行只来得及游览一下波恩城中的主要景点，如果想要深入了解这个小城，可以在这里多待一天。

与德国的许多城市一样，波恩也有自己的博物馆区和公园，因为时间关系才没办法一一游览。现在多了一天的时间，可以看看那些没来得及看的风景。

1 波恩博物馆区

波恩博物馆区（Museumsmeile）位于波恩市中心南部，长约3千米。这里集中了波恩艺术博物馆(Kunstmuseum Bonn)、亚历山大·柯尼西博物馆（Museum Alexander Koenig）、联邦德国艺术展览大厅（Kunst–und Ausstellungshalle der Bundesrepublik Deutschland）、波恩德意志博物馆（Deutsches Museum Bonn）和联邦德国历史博物馆（Haus der Geschichte der BRD）等几所重要的博物馆。

地址：Friedrich–Ebert–Allee 2, 53113 Bonn
网址：www.kunstmuseum–bonn.de
电话：0228–776260

2 樱花街

樱花街（Heerstraβe）这条波恩市区的街道是世界上最美丽的街道之一。道路两旁

种满了樱花，每年的4月中下旬樱花盛开的季节，整个街道就成了樱花的海洋。

地址：Heerstraße 53111 Bonn
交通：乘坐604、605路公交在Bonn，Maxstr.站下车即到

3 莱茵河谷公园

莱茵河谷公园（Freizeitpark Rheinaue）跨越莱茵河两岸，占地面积极大。这里绿树成荫，环境优美，里面还有烧烤区、滑冰场、游乐场、啤酒园、餐馆、运动场等，是波恩市民休闲娱乐的主要场所之一。

地址：Freizeitpark Rheinaue 53175 Bonn
网址：www. bonn.de

德国美食主要是热腾腾的肉菜、香喷喷的马铃薯以及美味爽口的啤酒。波恩也不例外，在这里你可以去当地餐馆品尝德国特色美食，走在路上还可以顺便拐进一家甜品店品尝一份清凉的冰激凌，你的心情顿时也会好了起来。

1 Gasthaus Nolden

Gasthaus Nolden是一家经典的德国餐厅，这里的服务迅速，在此就餐不需要等太长时间。店内的菜品主要是具有德国特色的炸肉排，当然还有地道的德国啤酒。

地址：Magdalenenstraße 33, 53121 Bonn
网址：www. gasthaus–nolden.de
电话：0228–623304

2 Brasserie Next Level

Brasserie Next Level位于风景秀丽的莱茵河谷公园附近，餐厅的露台可以供顾客在外就餐。这里的菜肴十分丰富，不仅有当地的特色菜肴，还有国际上的美食。

地址：Am Bonner Bogen 1, 53227 Bonn
网址：www. kamehagrand.com
电话：0228–43345000

3 Strandhaus

Strandhaus餐厅位于波恩市中心，这家餐厅的食物鲜美，而且服务周到，给人一种宾至如归的感觉。

地址：Georgstraße 28, 53111 Bonn
网址：www. strandhaus-bonn.de
电话：0228-3694949

4 EisLabor

EisLabor是当地一家人气颇高的甜品店。在这里，你可以品尝到水果口味的冰激凌、新鲜的果汁以及香浓的巧克力，其中香草口味的冰激凌很受欢迎。

地址：Maxstraße 16, 53111 Bonn
网址：www. eislabor.info
电话：0228-92687172

小城波恩并不像柏林、慕尼黑那样的大城市有着许多高档店铺和奢侈品专卖店，这里更多的是平平淡淡的生活气息。德国人的严谨世界闻名，因此在这里你可以购买相机、手机等精密仪器，但是如果遇到特别低价的手机，不要被它所吸引，需要与当地人签合同后才能够购买。

1 集市广场

集市广场位于老市政厅周围是波恩比较热闹的商业区，这里林立着大大小小的店铺，如果你想要买一些服装或者电子产品可以来这里逛逛。

地址：Markt 53111 Bonn
交通：从贝多芬故居向南步行约300米可到

2 跳蚤市场

如果你来到波恩，一定要去当地热闹的跳蚤市场逛逛。那里有精巧的手工艺品、装饰品以及特色小吃等。从摊位前排起的队伍，你就可以轻易地辨别出哪些摊位最受欢迎。

地址：Münsterplatz 53111 Bonn

就娱乐来说，大城市有大城市的乐趣，小城市有小城市的情调。这里可能没有太多喧闹的夜总会、激情的俱乐部，但是这里的小酒吧充满了当地的特色风情。如果你碰上波恩的节日，就更能体验到当地人特有的娱乐方式。

1 James Joyce Irish Pub Bonn

James Joyce Irish Pub Bonn是一家舒适而宽敞的俱乐部，夜晚的蜡烛更为这里增加了一些温馨。这里服务周到，气氛友好，最人性化的是吸烟区和非吸烟区完全分开，可以互不干扰。

地址：Mauspfad 6, 53111 Bonn
电话：0228-18032209

2 波恩狂欢节

波恩可以说是莱茵狂欢节的中心，每年11月11日11点11分，在波恩明斯特广场会有盛大的狂欢节开幕仪式。波恩狂欢节的高潮是玫瑰星期一，届时会有盛大而热闹的游行活动，在热烈的狂欢节歌曲中，装扮鲜艳的花车沿着大街缓慢前进，向路边的人们抛撒各种小礼物，整个城市都会陷入一种欢乐的气氛之中。

波恩住行攻略

在波恩这座小城市中，住宿与出行虽然不像其他大城市那样方便，但是由于城市不大，游人不多，因此如果你来到这里，波恩完全可以满足你的住宿与出行的需求。

波恩的住宿相对其他大城市来说比较便宜，但是可选择性就没有那么多。虽然也有豪华酒店或者廉价的旅馆，但是数量不多，城内最多的是中档的经济酒店。

1 波恩贝斯宿营旅馆

波恩贝斯宿营旅馆（BaseCamp Bonn）是一家很有特色的旅馆，深受年轻人的喜爱。这家旅馆在一个老火车车厢里，提供单独的客房，也拥有各种主题装饰的可移动房屋，车厢客房配有双层床和洗脸盆。这里的马车房、原装的 American Airstreams 房以及可移动房屋等都可使用共用浴室设施。旅馆还提供自助早餐，小型共用厨房中配有微波炉、水壶和一台冰箱。

地址：In der Raste 1, 53129 Bonn
网址：www. basecampbonn.de
参考价格：标准火车车厢40欧元起；基本移动房屋50欧元起；标准移动客房60欧元起
电话：0228-93494955

2 大陆酒店

大陆酒店（Hotel Continental）是一家四星级酒店，位于波恩中央火车站附近，交通十分方便。酒店提供隔音客房，每天早晨供应自助早餐。客房中配有现代家具、有线电视、空调以及无线网络，私人浴室备有洗浴用品和吹风机。

地址：Am Hauptbahnhof 4, 53111 Bonn
网址：www. continental-bonn.de
电话：0228-3918990

波恩其他住宿地推荐				
名称	地址	电话	网址	费用
Günnewig Hotel Bristol Bonn	Prinz-Albert-Straße 2, 53113 Bonn	0228-26980	www.guennewig.de	单人间100欧元起，双人间120欧元起
Hotel Astoria Bonn	Hausdorffstraße 105-113, 53129 Bonn	0228-9696490	www.hotel-astoria.de	单人间80欧元起，双人间100欧元起
Hotel Europa	Thomas-Mann-Straße 7, 53111 Bonn	0228-60880	www.hotel-europa-bonn.de	单人间60欧元起，双人间90欧元起
Haus Daufenbach	Brüdergasse 6, 53111 Bonn	0228-637944	www. haus-daufenbach.de	单人间约85欧元，双人间约95欧元

在波恩游玩，逛市中心景点，如莱茵河河谷公园等，可以不用乘坐交通工具。当然，如果你打算走得远一些，或者住宿地远离市中心，就需要了解这座城市的交通信息。在波恩出行主要依靠公交车与有轨电车，当然你也可以租一辆自行车。波恩是一座无红绿灯的城市，在这座小城中，司机遇到行人过马路会减速让行，而行人也会报以感谢的眼神。

有轨电车/公交车

波恩城内有着稠密的公共交通网，通常10分钟左右就会有一班车，最长也不会超过20分钟。波恩还开通了夜间线路，夜间公交网以赞助商的名字命名，午夜以后一般每小时会有一班车。波恩的公交车与科隆地区属于同VRS大公交运营区，所以有统一编号。

自行车

对于不远不近的路途来说，似乎没有比骑一辆自行车更好的选择。作为北威州自行车友好城市，在波恩租赁自行车很方便，许多酒店都提供自行车租赁服务。

从波恩至科隆

波恩与科隆的公共交通系统统一，因此有多种方式可以让你从波恩到达科隆。其中，最便捷的方式是乘坐轻轨，由波恩城市公共事业公司（SWB）运营的城市铁路网有6条线路，差不多每20分钟就有一班轻轨从波恩开往科隆，一条（18号线）经过Brühl，另一条（16号线）经过Wesseling。

到达科隆

位于莱茵河畔的科隆（Cologne）是一座历史悠久的城市，城中至今还保留着许多罗马时代和中世纪的印记。科隆也是著名的香水产地，举世闻名的古龙水就源自科隆。科隆还是一个生机勃勃的城市，科隆狂欢节每年都吸引着成千上万的人来到这里。

科隆的中央公交车站就在繁华的科隆市中心，在Breslauer Platz广场上，从这里前往著名的科隆大教堂只需向西南方向步行约10分钟即可。

科隆2日行程

科隆是德国莱茵河畔比较重要的城市之一，城内景点众多，尤其是各种各样的博物馆简直让人眼花缭乱。游客可将市内主要的博物馆分在2天的行程中游览，中间穿插其他景点，以免产生视觉疲劳。

科隆大教堂→罗马-日耳曼博物馆→路德维希博物馆→市政厅→霍亨索伦大桥

科隆第一天的行程中安排了在著名的科隆大教堂附近的2个博物馆，游完之后再去不远处的市政厅转转，傍晚时分去霍亨索伦大桥上欣赏莱茵河两岸的美景。

科隆第1天行程		
时间	目的地	行程安排
10:00 ~ 12:00	科隆大教堂	科隆大教堂是科隆地标性的建筑，被称为“世界上最完美的哥特式教堂建筑”，教堂中珍藏着许多历史文物值得游览
12:00 ~ 14:00	Cafe Reichard	科隆大教堂周围热闹而繁华，所以午饭的话就不用太费周折了。Cafe Reichard就在科隆大教堂前面，这里提供味道香浓的小点心和蛋糕卷，香气扑鼻
14:00 ~ 16:00	罗马-日耳曼博物馆	罗马-日耳曼博物馆是一个集研究中心、科隆考古档案馆和公共收藏馆于一身的特殊博物馆，镇馆之宝是保存着极为完整的酒神马赛克镶嵌地板画
16:00 ~ 18:00	路德维希博物馆	路德维希博物馆是科隆的一个艺术胜地，馆中收藏了众多20世纪后现代的艺术作品，这里还有毕加索的大量作品
18:00 ~ 19:00	市政厅	市政厅位于集市广场上，是德国哥特式建筑的代表作，市政厅有着高大的塔楼和精致的木制雕塑，非常值得一看
19:00 ~ 20:00	霍亨索伦大桥	游览了一天，非常累。华灯初上，来到莱茵河上的霍亨索伦大桥，吹风，感受下科隆美丽的夜色

▲ 科隆第1天行程路线示意图

科隆大教堂

科隆大教堂（Kölner Dom）位于科隆市中心，是科隆地标性的建筑。它从13世纪中期时就开始修建，雕梁画栋，被称为“世界上最完美的哥特式教堂建筑”，并被收入世界文化遗产名录中。教堂中珍藏着许多历史文物，其中最著名是重达24吨的大摆钟和一个中世纪的黄金匣——三王龛。

旅游资讯

地址：Dompropstei Margarethenkloster 5, 50667 Köln

交通：乘地铁（U-bahn）到Dom/Hbf站下车可到；乘S6、S11、S12到Dom/Hbf站下车可到

票价：教堂免费，参观珍宝厅4欧元，登顶2欧元，联票5欧元

开放时间：5～10月6:00～22:00，11月至次年4月6:00～19:30

电话：0221-17940100

旅友点赞

科隆大教堂非常漂亮，有着精美的雕花窗户和高耸的尖塔，可以说是哥特式建筑的杰作。教堂高达150多米，你可以乘坐电梯登上塔顶，那里有观景台。在观景台上俯瞰科隆城区，美丽的风景一览无余。

科隆大教堂作为城市的标志性建筑，地处市中心，周围必定热闹而繁华，所以午饭的话就不用太费周折了。

1 Cafe Reichard

Cafe Reichard就在科隆大教堂前面，这里提供味道香浓的小点心和蛋糕卷，香气扑鼻。餐厅里面用巨大而精美的大理石作装饰，非常漂亮。

地址：Unter Fettenhennen 11 50667 Köln
交通：从科隆大教堂门口向前走即到
电话：0221-2578542

2 Gaffel am Dom

这是位于科隆大教堂附近的一家典型的德国啤酒屋。这家店除了经营德国著名的啤酒外，还提供特色的肘子和香肠。店铺装饰简单朴素，菜品分量足，服务态度极好，且地理位置优越，很好找。

地址：Bahnhofsvorplatz 1, 50667 Köln
交通：从科隆火车站步行5分钟可到
网址：www.gaffelamdom.de
电话：0221-9139260

罗马-日耳曼博物馆

罗马-日耳曼博物馆（Röemisch-Germanisches Museum）是为了保护著名的酒神马赛克镶嵌地板画而建，是一个集研究中心、科隆考古档案馆和公共收藏馆于一身的特殊博物馆。馆中收藏了考古发现的雕塑、珠宝等文物，向人们展示了科隆从史前时代到中世纪早期的考古发现。

旅游资讯

地址：Roncalliplatz 4，D-50667 Köln

交通：乘坐132路公交在Hauptbahnhof站下车可到

网址：www.museenkoeln.de/roemisch-germanisches-museum

票价：成人8欧元，未成年人以及学生免费，每月的第一个周四免费

开放时间：周二至周日10:00～17:00；每月的第一个周四10:00～22:00

电话：0221-22124438

旅友点赞

这里展出了许多罗马时期的物品，有玩具、灯具甚至镊子等，真实地呈现了那个时期科隆日常生活的景象。馆中的镇馆之宝是保存着极为完整的酒神马赛克镶嵌地板画，据考证这块70多平方米的平面是公元前2世纪的作品，曾是古罗马家庭的宴会厅地面，上面有由100多万块大理石、陶瓷和玻璃拼成一幅栩栩如生的画面。

路德维希博物馆

旅游资讯

地址：Bischofsgartenstraße 1D-50667 Köln

交通：乘地铁到Dom/Hauptbahnhof站下车

票价：约为11欧元

开放时间：周二至周日10:00~18:00；每月的第一个周二10:00~22:00；周一闭馆

路德维希博物馆（Museum Ludwig）是科隆的一个艺术胜地，馆中收藏了众多20世纪后现代的艺术作品，包括达利（Dalí）、里希特施泰因（Lichtenstein）和沃霍尔（Warhol）的作品等。这里还收藏了毕加索主要创作时期的大量作品，成为除巴黎毕加索博物馆和巴塞罗纳毕加索博物馆外，收藏毕加索作品最多的博物馆。

旅友点赞

路德维希博物馆拥有着与众不同的建筑表面和屋顶轮廓，而且其中的藏品极其丰富。除了绘画作品，博物馆中还有一个摄影博物馆（Agfa-Foto-Historama），收藏了许多优秀的摄影作品，而且它也是世界上最大的历史图片和照相机博物馆，如果你爱好摄影的话，一定不要错过。

市政厅

旅游资讯

地址：Rathausplatz 2, D-50667 Köln

交通：从路德维希博物馆向南步行约300米可到

电话：0221-22131000

市政厅（Rathaus）位于科隆热闹的集市广场上，建于14世纪，是德国哥特式建筑的代表作。市政厅的塔楼高达60多米，非常壮观；门廊具有鲜明的文艺复兴风格；门廊后面是古老的汉萨大厅，里面保存着14、15世纪所制的木制雕塑，非常值得一看。

旅友点赞

市政厅位于科隆市中心的集市广场上，跟德国的其他城市一样，科隆的集市广场也是一个商业中心，周围有众多的店铺。遇到有集市的时候，这里还会摆起很多小摊，出售手工艺品、衣物、小吃等。广场上还有一座雕像，这座雕像的主人公是一个有着传奇经历的将军。

看过了一天的博物馆和教堂，想必里面的珍宝已经让你眼花缭乱了吧。晚上，不妨到莱茵河上的霍亨索伦桥上来，吹吹凉爽的风，看看城市的夜景。

1 霍亨索伦桥

霍亨索伦桥（Hohenzollernbrücke）跨越莱茵河的桥梁，是一座规模非常壮大的建筑物。这里不仅是一处著名的景点，更有着浪漫的爱情传说——人们相信在桥上挂上锁，钥匙抛到河中，爱情便能长长久久。

地址：Kennedy-Ufer 2a, Köln

交通：从科隆大教堂以东向东走即可

圣马丁教堂→瓦尔拉夫·理查尔茨博物馆→施纽特根博物馆→巧克力博物馆→三角大楼

科隆第二天的行程从圣马丁教堂出发，然后依次参观3个博物馆，其中的巧克力博物馆将会是这一天最为甜蜜的回忆。

科隆第2天行程		
时间	目的地	行程安排
10:00～12:00	圣马丁教堂	圣马丁教堂坐落在莱茵河畔，教堂有着气派的外观，虽然它不如科隆大教堂那么有名气，但在这里你更能找到那种宁静的感觉
12:00～14:00	Gasthaus Brungs	圣马丁教堂附近餐厅遍布，Gasthaus Brungs就在圣马丁教堂附近一座科隆传统的建筑内，里面的食物多样，价格公道，服务周到
14:00～15:00	瓦尔拉夫·理查尔茨博物馆	瓦尔拉夫·理查尔茨博物馆是德国最古老的美术馆之一，主要收藏14～16世纪世界范围内的绘画作品

续表

时间	目的地	行程安排
15:00 ~ 17:00	施纽特根博物馆	施纽特根博物馆在德国众多博物馆中一直享有盛誉，其建筑保存了从中世纪早期到巴洛克时期的教堂艺术风格，更是收藏了许多世界性的杰作
17:00 ~ 19:00	巧克力博物馆	对于所有喜爱巧克力的人来说，绝对不能错过巧克力博物馆。在这里你不仅可以品尝到各种美味的巧克力，还能了解到制作巧克力的流程
19:00 ~ 20:30	三角大楼	科隆三角大楼位于莱茵河右岸，细长的尖塔被玻璃包裹，整个建筑显得非常轻盈。在大楼的观景台可以看到莱茵河对岸以及科隆市的大部分美景

▲科隆第2天行程路线示意图

圣马丁教堂

圣马丁教堂（Groß St. Martin）坐落在莱茵河畔。这座宏伟的建筑建于12～13世纪，比科隆大教堂还要早。圣马丁教堂有着气派的外观，其独特的三叶草形状的圣坛建筑，围绕中央尖塔的四座细长的角楼构成了一个和谐的整体。

旅游资讯

地址：Groß St.Martin, Vor Sankt Martin, Köln

交通：从路德维希博物馆向南步行约400米可到

开放时间：周二至周六8:30~17:30；周日13:00~19:15；周一闭馆

网址：www.jerusalem.cef.fr

旅友点赞

圣马丁教堂在科隆大教堂建成以前，一直是科隆的代表性建筑。现在它和科隆大教堂的并肩而立在莱茵河畔，虽然它不如科隆大教堂那么有名气，而且内部装饰也是极为简约的风格，但是在这里，你更能找到那种宁静的感觉。

同科隆大教堂一样，圣马丁教堂同样位于繁华的老城区，这里餐厅遍地，随便走走你就能找到自己喜欢的餐厅。

1 Gasthaus Brungs

Gasthaus Brungs位于圣马丁教堂附近的一座科隆传统的建筑内，里面的食物多样，而且价格公道，服务员可以讲英语，服务周到。

地址：Marsplatz 3-550667 Köln
交通：从圣马丁教堂向东步行约100米可到
网址：www. gasthaus-brungs.de
电话：0221-2581666

2 Christofs Restaurant

Christofs Restaurant 是圣马丁教堂附近一家定位高端的餐厅，在这里你能品尝到牛排、鹅肝、龙虾等西式菜肴，服务专业，气氛优雅。

地址：Martinstraße 3250667 Köln
交通：从圣马丁教堂向南步行约100米可到
网址：www. christofs-restaurant.de
电话：0221-27729530

瓦尔拉夫·理查尔茨博物馆

瓦尔拉夫·理查尔茨博物馆(Wallraf-Richartz Museum)是德国最古老的美术馆之一。馆内主要收藏的是14～16世纪世界范围内的绘画作品，包括了科隆画派和印象派的作品，其中对中世纪时期的作品收藏尤为全面。

旅游资讯

地址：Martinstraße 39，50667 Köln
交通：乘坐5路有轨电车在Köln Rathaus站下车后，向南步行可到
网址：www. wallraf.museum
票价：12欧元左右
开放时间：周二至周日10:00~18:00；公关假日10:00~18:00
电话：0221-22121119

旅友点赞

瓦尔拉夫·理查尔茨博物馆中收藏了众多的绘画作品，如果想要细细观赏可要留出充足的时间。如果你对绘画有所研究，这里浪漫主义、现实主义以及印象派的作品，非常全面。

施纽特根博物馆

施纽特根美术馆（Schnütgen-Museum）在德国众多博物馆中一直享有盛誉。不仅因为它的建筑保存了从中世纪早期到巴洛克时期的教堂艺术风格，更因为这里收藏了许多世界性的杰作，如象牙雕刻、黄金制品、木石雕塑、青铜和白银艺术珍品、教堂家具、彩绘玻璃、手稿、自古典时期晚期至今的礼拜服和布料等。

旅游资讯

地址：Cäcilienstraße 29，Köln

交通：从瓦尔拉夫·理查尔茨博物馆向西南步行约800米可到

票价：约3.5欧元

开放时间：周二至周五10:00～17:00；周六至周日11:00～17:00；周一闭馆

电话：0221-22123620

旅友点赞

施纽特根美术馆可以说是欧洲最重要的中世纪艺术博物馆之一，这里既有由青铜、金银和象牙制作的珍贵文物，也有用木石雕刻的艺术品。同时这里还是德国收藏纺织品和玻璃彩饰最多的博物馆之一。

巧克力博物馆

巧克力博物馆（Schokoladen-museum）是莱茵河附近一个特别的景点。博物馆中的展品分为两大类，第一部分展示了欧洲巧克力的发展历程，以及早期制作巧克力所用的设备；第二部分全面展示了用现代化工艺生产特色巧克力的过程。此外，博物馆还对巧克力发展历程中涉及到的科技、产品、设备，以及历史、政治等背景做了介绍。

旅游资讯

地址：Am Schokoladenmuseum 1A 50678 Köln

交通：乘坐1、7、9路有轨电车在Heumarkt站下可到，之后向东南方向走即可

票价：成人票9欧元，优惠价6.5欧元，团体票21欧元

开放时间：周二至周五 10:00～18:00，周六、周日和公众假日11:00～19:00

旅友点赞

对于喜爱巧克力的人来说，绝对不能错过这里。在你买门票时就能得到一块免费的巧克力，进去之后，里面展示有整个制作块状巧克力、松露巧克力和空心巧克力等的流程。门厅处有一个巧克力喷泉，里面源源不断地涌出热巧克力，你可以将华夫饼干浸入其中，尽情品尝这美味。

在科隆的最后一个晚上，可能你对这座城市有了难舍的情结，想要俯瞰一下整个城市的全景，那没有比三角大楼再好的选择了。

三角大楼

三角大楼（KölnTriangle）位于莱茵河右岸，这座建筑有着别致的造型，细长的尖塔被玻璃包裹，整个建筑显得非常轻盈。在大楼的29层有一个观景台，从那里可以看到莱茵河对岸科隆大教堂以及科隆市区的大部分景观。

地址：Ottoplatz 1, 50679 Köln
交通：乘坐地铁1、9号线在K-Messe/Deutz站下车可到
网址：www.koelntriangle.de
门票：成人3欧元，5人以上团体2.5欧元
开放时间：冬季周一至周五12:00～18:00，周六、周日11:00～18:00；夏季周一至周五11:00～22:00；周六、周日10:00～22:00
电话：0221-82733102

如果多待一天

对科隆这样一个有着众多景点的城市来说，两天的行程安排未免紧张了些，因此如果时间允许，尽可能在这里多待一天吧。

科隆有各种各样的博物馆，两天的时间无法将所有的博物馆逛完，在多出来的一天就尽情畅游这里各种各样的博物馆吧，累了的时候，还能去莱茵公园放松一下。

香水博物馆

香水博物馆（Fragrance Museum）跟巧克力博物馆一样是非常独特的博物馆，这里是科隆传统香水生产商法里纳公司的总部。在这里，你可以了解香水文化发展历程以及制造香水的过程，你还可以看到制作香水的昂贵原料，并能获得博物馆提供的香水纪念品。

地址：Obenmarspforten 21,Köln
交通：从科隆大教堂向南步行即到
票价：4欧元

2 德国体育和奥林匹克博物馆

德国体育和奥林匹亚博物馆（Sport & Olympia Museum）成立于1999年，是一座专门介绍运动的博物馆。博物馆中的展览区通过比赛用具、奖章、证书、运动奖项、版画、照片、录像等方式展示了关于奥林匹克运动的方方面面。你还可以在这里亲自尝试一下许多运动。

地址：Rheinauhafen 1,Köln
票价：成人票5欧元，优惠价2.5欧元
开放时间：周二至周五10:00～18:00，周六、周日11:00～19:00

3 莱茵公园

莱茵河畔有着一片占地极大的多样化公园景观——莱茵公园（Rheinpark）。这座公园除了有其他公园所具有的鲜花绿树，它还凭借细节化的设计、花园式的道路以及数不胜数的艺术跻身于德国战后最美丽、保存最完好的园林建筑之列。

地址：Kleinbahn im Rheinpark,Köln
票价：2.5欧元
开放时间：周二至周日10:00～17:00
电话：0221-4301502

作为德国的旅游热门城市，科隆吸引游人的不止是它的美丽景色，还有这里的特色美食。这里有一种叫做Kolsch的啤酒，口味和颜色都比一般的德国啤酒要浅，苦味也淡一些，现在已经流传到德国各地。这里还有一种可能让人误会的美味——Halve Hahn，它字面翻译是“半只鸡”，但是不要以为这真的是半只鸡，而是涂上奶酪的黑麦面包，配上些腌菜和洋葱食用，科隆方言称之为“黑面加奶酪”。

1 莱茵苑猪肘屋

莱茵苑猪肘屋（Haxenhauszumpheingarten）是科隆历史悠久的餐厅以其传统而具有特色的秘制烤猪肘为特色菜。这里还有烤香肠、Koelsch啤酒等科隆传统美食。另外，餐厅里还经常会举办丰富的娱乐节目。

地址：Frankenwerft 19 Ecke Salzgasse/ Buttermarkt 50667 Köln
网址：www.haxenhaus.de
营业时间：周一至周日11:30至次日01:00
电话：0221-9472400

2 Paffgen

Paffgen是一家有着典型的科隆风格的餐厅，看起来就像人们印象中的德国啤酒厂，有着很好的氛围。餐厅提供炸肉排、香肠以及Koelsch啤酒等当地特色美食。

地址：Friesenstr.64-66，Köln
电话：0221-135461

3 Brauerei zur Malzmuehle

Brauerei zur Malzmuehle提供美味的传统德国美食，如土豆、肉排、沙拉等，口味正宗，分量十足，性价比很高。

地址：Heumarkt 6，Köln
电话：0221-92160613

4 Braushaus

这是一家典型的德国餐馆，位于科隆大教堂附近。餐厅食物非常地道，并且主打科隆啤酒，如果运气好，还会遇到餐馆的驻唱歌手表演，顾客和店员也会跟着一起唱科隆的老歌。气氛非常活跃，高兴时大家还会拉着手一起跳舞。

地址：Bahnhofvorplatz 1, 50667 Köln
网址：www.brauhaus-sion.de
电话：0221-2578540

科隆是购物者的天堂，能满足你各种需求。霍赫街（Hohe Straße）和希尔德街（Schildergasse）是大型商场和著名品牌商店的聚集地，在这里你能找到很多品牌的化妆品和香水；布莱特大街（Breite Straße）和艾伦街（Ehrenstraße）聚集了许多时尚精品，在这里有许多精致的手工艺品和特色纪念品出售；米特尔街（Mittelstraße）和费尔街（Pfeilstraße）有很多的高级设计时装店，其产品新潮，非常有品位。

1 霍赫街

霍赫街（Hohe Straße）从科隆大教堂开始，长约1千米。街道两侧林立着许多高端的鞋店、时尚品专卖店以及奢侈的珠宝店等，商店中多出售刀具、香水等当地特色商品。

地址：Hohe Straße 109, 50667 Köln

2 希尔德街

希尔德街（Schildergasse）是科隆最受欢迎的步行街，游客流量高峰时每小时能达上万人。这里除了有各式各样的商品，道路两旁颇具特色的建筑也是一道靓丽的风景线。

地址：Schildergasse 50667 Köln

3 OSSi Laden Koin

OSSi Laden Koin是一家别致的精品店，店里装修也别出心裁。在这里你能找到当地极具人气的交通标志小人系列商品以及比较复古的商品等，想要买一些小的纪念品的话可以来这里看看。

地址：Breite Str.6–26 Köln
营业时间：10:00 ~ 20:00
电话：0221–9389880

4 Severinstraß

Severinstraß是科隆最古老的购物天堂，这里既有许多知名品牌的连锁店，也有新鲜便宜的果蔬店，有各种风格、价位的商品任你选择。街边还有很多咖啡店，走累了你可以坐下来喝杯咖啡。

地址：Severinstraße Köln
交通：乘地铁3、4号线在Severinstr.站下车即到

5 科隆香水总店4117

科隆香水总店4117是一个历史悠久的商店，这种香水是世界上最早的古龙香水。因香水厂的门牌号是4711，4711表示的是第一家出售古龙水的店铺。街上有很多关于这个店铺的广告，你可以很容易找到。

地址：Hohe Strβe

科隆多种多样的娱乐选择可能让你挑花了眼。凭借莱茵河这得天独厚的优势，你可以乘坐游船荡漾在河心；也可以去音乐厅聆听一场优雅的音乐会；或者去某个俱乐部，边享用美味的啤酒边欣赏动听的音乐。

1 莱茵游船

面对波光粼粼的莱茵河，相信你一定有过泛舟河上的念头，莱茵游船（KD River Cruise）可以满足你这个心愿。你可以在科隆大教堂和巧克力博物馆之间的河畔坐上游船，看两岸的美丽景色慢慢退到身后，感受一下怡然自得的心情。

地址：游船码头在科隆大教堂和巧克力博物馆之间的河畔

2 科隆圆顶音乐剧院

科隆圆顶音乐剧院（Musical Dome Köln）在科隆大教堂旁边，是德国一个享有盛誉的艺术胜地之一。剧院的内部有约1700个座位，整体采用特殊的玻璃钢结构，非常有特色。

地址：Goldgasse 1, Köln
交通：乘地铁S线在 Köln Hbf站下车可到
网址：www.musical-dome.de

3 Undergroun

Undergroun是一个综合性的娱乐场所，面积非常大。这里不仅有酒馆、音乐演奏室，还有露天的娱乐场地。

地址：Vogelsanger Straße 200, 50825 Köln
网址：www.underground-cologne.de
电话：0221-542326

4 Kolner Philharmonie

Kolner Philharmonie是一个现代化音乐厅，里面有着非常好的音响设备，可以带给你不一样的听觉享受。

地址：Bischofsgartenstraße 1, 50667 Köln
网址：www.koelner-philharmonie.de
电话：0221-204080

科隆住行攻略

科隆是德国旅游业比较发达的城市，因此这里有着多种多样的住宿地和交通工具，所以在科隆旅行时住和行都是非常方便的。

科隆有着各种档次的住宿地供你选择，如果想要找高档些的酒店，可以在莱茵河左岸的旧城以及市中心地区寻找；中央火车站正北和正东的街区是经济型和中档型旅馆的聚集地，在这里你可以找到环境舒适、价格合适的旅馆；而更为廉价的小旅馆大多集中在大教堂和中央火车站背面的出口处。

1 圣多酒店

圣多酒店（Hotel Santo）是科隆大教堂附近的一家四星级酒店，这里的客房提供免费无线网络连接、平面电视、Nespresso咖啡设施以及带有吹风机的浴室。酒店每天提供早餐自助。另外，你还可以在有着白色装饰的酒吧放松身心。

地址：Dagobertstraße 22-26, 50668 Köln
网址：www. hotelsanto.de
参考价格：单人间110欧元起，双人间140欧元起
电话：0221-9139770

2 科瑞斯塔尔酒店

科瑞斯塔尔酒店（Hotel Cristall）位于科隆的中心地带，距离大教堂、主购物街有5分钟的步行路程。酒店每天早晨提供丰盛的自助早餐，客房设施包括1个带Sky卫星体育频道和电影频道的平面电视、迷你吧和免费报纸。

地址：Ursulaplatz 9-11, 50668 Köln
网址：www. hotelcristall.de
参考价格：单人间55欧元起，双人间80欧元起
电话：0221-16300

科隆其他住宿地推荐地

名称	地址	电话	网址	费用
Pensio Jansen	Richard-Wagner-Strasse 18,Köln	0221-251875	www.pension-jansen-koeln.de	单人间40欧元起，双人间65欧元起
Station-Hostel for Backpackers	Marzellenstrasse 44-56,Köln	0221-9125301	www.hostel-cologne.de	单人间45欧元起，双人间60欧元起
Hopper Hotel Et Cetera	Brüsseler Straße 26,Köln	0221-924400	www. hopper.de	单人间90欧元起，双人间120欧元起
Hotel Allegro	Thurmarkt 1-7,Köln	0221-2408260	www.hotel-allegro.com	单人间80欧元起，双人间110欧元起

在科隆市内出行比较方便，有多种交通工具可以选择。你可以乘坐地铁、轻轨、公交车或者电车游览。专程观光的话有观光巴士，如果携带的行李较多，你也可以叫出租车。

科隆主要交通方式

交通工具	概况
地铁、公交车、电车	科隆市内的地铁、公交车、电车等公共交通工具使用统一的车票，单程票价为1.5～8欧元，全天票（Kölner Tageskarte）费用约8欧元，9:00～15:00之间都有效
出租车	科隆的出租车可以提前预订，出租车的起步价为2.5欧元，在6:00～22:00时每千米1.25欧元，在22:00至次日6:00时每千米1.35欧元，预订出租车可拨打电话0221-19410
观光巴士	如果你的时间比较仓促，可以选择观光巴士游览市区，2个小时左右就可以游遍市内的主要景点。乘坐观光巴士的时间一般在4～10月的10:00、11:00、14:00、15:00以及11至次年3月的11:00、14:00

Tips

如果你在科隆待3天，则可以选择科隆城市卡（Koln Tourismus Card），这种卡售价15欧元，包含一次市区观光、莱茵河游船折扣、3天之内免费参观所有市立博物馆及乘大众交通工具。

时间改变

如果你有更多的时间畅游德国，比如能在德国待7天，那么你可以游完科隆之后继续前行，前往杜塞尔多夫。杜塞尔多夫是位于莱茵河畔的一座安静而现代化的中小城市，那里不仅有美丽的风景，而且与中国还有直达的航班连接。

去杜塞尔多夫
玩1天

国王大道

国王大道（Konigsallee）位于杜塞尔多夫的市中心，被认为是世界上最优雅的购物大街之一。道路两旁全是高档的奢侈品商店以及银行等金融机构，更重要的是，道路两旁有高大的栗树，遮天蔽日，道路中间有一条水渠，流水潺潺，让人在购物的同时得到高雅的享受。

旅游资讯

地址：Königsallee Düsseldorf

交通：乘坐805、809等路公交车，或701、712、713等路有轨电车在Benrather Straße站下车步行可到

旅友点赞

在环境优雅的国王大道购物简直是一种享受，你可以漫步在树荫中，闲逛路边的一间间服饰专卖店、珠宝店、瓷器店、古董拍卖行等，就像在公园散步一样。但是要注意，这里可能会有小偷，因而你要保管好自己的财物。

老城

杜尔塞多夫老城（Altstadt）位于莱茵河畔，这里完整地保存着德国传统的民居建筑，有一种古色古香的感觉。这里除了众多历史建筑，还有许多老字号的酒馆和各国风味的餐馆，可以说是欧洲餐馆、酒馆最密集的地方。

旅游资讯

地址：Altstadt Düsseldorf

交通：从杜尔塞多夫步行前往

旅友点赞

到了杜尔塞多夫，如果想要体验一下当地的风土人情，一定要来位于莱茵河畔的老城看看。这里有密集的酒馆、餐馆，可以让你品尝到各种风味的美食。老城中最大也是最著名的啤酒馆是Urige，在这里有现场酿造的Altbier，这种杜塞尔多夫当地特产的啤酒是黑啤酒的一种，为德国西部独有。

莱茵电视塔

同德国的其他大城市一样，杜塞尔多夫也有一座电视塔。杜塞尔多夫的莱茵电视塔位于莱茵河沿岸，因而被叫做莱茵电视塔（Rheinturm）。这是全城的制高点，登上电视塔，可以将全城的美景尽收眼底。

旅游资讯

地址：Stromstraße 20, 40212 Düsseldorf

网址：www. duesseldorf.de

票价：乘坐电梯，成人3.5欧元，儿童1.9欧元

电话：0211-8632000

旅友点赞

莱茵塔位于老城外的莱茵河畔，塔的周围是一片碧绿的草坪，你可以躺着晒太阳，或者看河里的船只来来往往。塔身上的“灯表”分小时、分钟、秒钟3段显示，与众不同。在塔上还有一个餐厅Rheinturm Top 180，你可以边观光边用餐。

假如你平时工作比较忙，只能抽出很少的时间来游览德国，比如5天或者更少的时间，可以做出以下安排。

如果你对音乐、建筑、历史文物等方面比较感兴趣，是个具有“文艺范儿”的人，那么建议你将法兰克福的时间缩短为2天。在法兰克福的2天，你可以不去证券交易所、动物园等地，而选择自己比较感兴趣的地方进行游玩即可。波恩是贝多芬的故乡，城市中有一座名人辈出的波恩大学，整个城市的一切都透出浓浓的文艺气息，值得游览；科隆有着众多的博物馆，你可以在那里看到很多珍贵的文物以及举世闻名的科隆大教堂。

如果你喜欢新鲜时尚的事物，对金融、科技等比较感兴趣，那么你可以略过波恩。因为法兰克福有着欧洲中央银行、证券交易所等金融界的著名景点，科隆也有香水博物馆、巧克力博物馆帮你了解香水以及巧克力的制作流程，是不得不去的。而波恩相对来说是一个比较贴近自然的城市，而且城市较小，如果时间不允许的话只好忍痛舍弃了。

Auf Wiedersehen an Bord der KD

科隆风光